Independently Published
Celaya. Gto. México.
ISBN: 9781097344215

TATUAJE

Y

CRIMINALES

PANDILLAS, PRESOS Y OTROS ANTISOCIALES

Una Apreciación Criminológica De La Simbología En El Tatuaje

SAÚL ALEJANDRO MORA CABALLERO

LICENCIADO EN CRIMINOLOGÍA, POR EL INSTITUTO DE EDUCACIÓN UNIVERSITARIA DEL CENTRO MÉXICO (EDUCEM). HA TOMADO VARIOS CURSOS Y DIPLOMADOS PARA ESPECIALIZARSE EN CRIMINOLOGÍA CLÍNICA, POLICIOLOGÍA Y BALÍSTICA. SE HA DESEMPEÑADO COMO CRIMINÓLOGO EN EL PROYECTO DE FORTASEG; ESCUELA LIBRE DE VIOLENCIA, EN DIVERSAS SECUNDARIAS IDENTIFICADAS COMO VIOLENTAS Y PROFESOR SUPLENTE EN EL INSTITUTO DE FORMACIÓN POLICIAL (INFOPOL) DEL MUNICIPIO DE CELAYA, GTO. HA PUBLICADO UN ARTÍCULO ACADÉMICO Y SE ENCUENTRA EN ESPERA DE APROBACIÓN DE OTROS ARTÍCULOS PARA DIFERENTES REVISTAS DE DIVULGACIÓN CIENTÍFICA. ACTUALMENTE COLABORA CON VARIOS BLOG´S DE CRIMINOLOGÍA COMO INVESTIGADOR Y ARTICULISTA.

TATUAJE

Y

CRIMINALES

PANDILLAS, PRESOS Y OTROS ANTISOCIALES

SEGUNDA EDICION

Corregida, Modificada y Aumentada

Primera edición, 2017 con título:

Tatuaje Criminal: Apreciación Criminológica de la Simbología en el Tatuaje. Con número de registro ante el INDA: 03-2017-011110240300-01.

A Dios, que siempre ha sido bueno conmigo y que siempre ha puesto en mi camino, a las personas correctas. A mi familia, a mis maestros y amigos.

PRÓLOGO

A falta de una autoridad en materia criminológica, que mostrase interés en formar parte de este trabajo. Nuevamente me veo en la necesidad de prologar una de mis obras. Esto desde la perspectiva menos egocéntrica y sectaria posible. Y más por el hecho de cumplir con él requiso inamovible de todo trabajo escrito que se respete.

Aquí una obra digna de tomarse en cuenta.

La investigación documental que se pretende mostrar a continuación, consta de un documento que retoma, después de 100 años las primeras investigaciones realizadas por 3 grandes de la ciencia criminológica; el francés Alexandre Lacassagne, al español Rafael Salillas y Panzano y el mexicano Francisco Martínez Baca, quienes en base a trabajo etnográfico, aplicando el método científico y siguiendo las pautas de la naciente antropología criminal *lombrosiana*, contribuyeron al conocimiento científico hasta nuestros días. Más de 100 años han transcurrido y pocas investigaciones han retomado el tema. México y sus investigadores se ponen a la cabeza, realizando varios análisis dentro de nuestro sistema penitenciario, sin llegar más allá del lector profundamente especializado.

Esta obra se presenta, como criminología comparada, como criminología educativa, un documento básico en la biblioteca de cualquier estudiante de criminología, psicología y sociología o para todo aquel individuo que por alguna razón de trabajo, compromiso o mera curiosidad procure información.

Indudable la importancia del enfoque sociológico, puesto que toda la obra toma una orientación simbólica, que tiene origen en las ideas de Herbert Blumer, y su interaccionismo simbólico, una de las nuevas corrientes de pensamiento criminológico que se basa en la comprensión de la sociedad a través de la comunicación visual que ha influido en la conducta criminal.

En la obra se efectúo una investigación documental, desde sus inicios hasta las más modernas y recientes investigaciones; se exponen sus resultados, se comparan con cifras actuales, se determinan las conclusiones más obvias y también sus puntos en contra. De la misma manera empleando el método empírico, también se contribuye al conocimiento criminológico, aportando ideas, puntos de vista, e información que no se ha presentado en ninguna de las investigaciones anteriores. Resultado de años de entrevistas con sujetos parasociales.

El origen del tatuaje, su etiquetamiento, las relaciones que este tiene con la conducta patológica, anormal y desviada, las cifras que sustentas las conclusiones, su significado, su aplicación en las subculturas criminales, los motivos, las consecuencias médicas y también su solución, son algunos de los temas que podrán encontrar.

Un documento que hable de tatuajes no puede dejar de mostrar ejemplos visuales. La obra que se muestra a continuación contiene más de 80 imágenes en blanco y negro detalladas y nítidas, que dan una mayor comprensión a la información mostrada. De la misma manera se encuentran anexos tales como la Ley General de Salud (Fragmento) en sus apartados relacionados a los tatuajes, un examen de casos prácticos, un cuestionario (Registro) y test criminológico, que en un futuro puede proporcionarle al perito en criminología, un medio para desentramar algunas características de la personalidad del sujeto en cuestión.

Por último, se demuestra la innegable correlación entre, un tipo de tatuaje (criminal) y la personalidad antisocial, pues este símbolo es la representación de la incapacidad para expresarse de una manera socialmente aceptable, siendo desde todo punto de vista, la mejor manera que posee un antisocial para comunicarse.

Saúl A. Mora
Celaya, Gto. México, 2018.

Solo quiero demostrar que el número de tatuajes casi siempre da la medida de la delincuencia del tatuado, o al menos el reconocimiento de muchas de sus convicciones y su estancia en prisión.

César Lombroso

INTRODUCCIÓN

El objetivo de este trabajo es presentar un medio de consulta para el joven investigador criminólogo que se adentra en el submundo de todos aquellos que la vida ha marcado con tinta, las negras notas de una personalidad parasocial y antisocial, que han desembocado en una subsistencia forzada dentro de una institución diseñada para retener, su posterior asociación diferencial dentro de dicha institución y su no adecuada reinserción, en la sociedad una vez obtenida su libertad.

El concepto del tatuaje se refiere al grabado decorativo de un dibujo o una marca en la piel a través del uso de agujas o punzones con algún tipo de colorante. El proceso no carece de dolor, pues para realizar un tatuaje es necesario inyectar tinta (de 2000 a 4000 inyecciones por minuto) o algún otro pigmento bajo la epidermis o mitad exterior de la piel de una persona. De este modo se modifica el color de la piel y se crea un dibujo.

Las marcas, tatuajes o perforaciones, muchas veces son manifestaciones externas y simbólicas de ideas y pasiones. En la criminología los tatuajes, sirven para indicar muchas veces lo que la persona hizo, o no, el desorden de una personalidad que sufre y que podría manifestarse, y lo hace en muchos casos, en forma de comportamiento criminal. El valor de un estudio que valida esta hipótesis con datos estadísticos es grande, porque son un indicador útil de una futura desviación.

La investigación documental que se muestra a continuación, consta de un documento que retoma, después de 100 años las primeras investigaciones realizadas por 4 grandes de la ciencia criminológica. Nos referimos al italiano Cesar Lombroso, al francés Alexandre Lacassagne, al español Rafael Salillas Y Panzano y al mexicano Francisco Martínez Baca. Quienes, en base a trabajo etnográfico, aplicando el método científico y siguiendo las pautas de la naciente antropología criminal, contribuyeron al conocimiento científico hasta nuestros días.

El contenido de la obra se estructura, de la siguiente manera:

Primeramente se plantea brevemente la importancia del enfoque sociológico, puesto que toda la obra toma una orientación simbólica, que tiene origen en las ideas de Herbert Blumer, y su *interaccionismo simbólico*, una de las nuevas corrientes de pensamiento criminológico que se basa en la comprensión de la sociedad a través de la comunicación visual que ha influido en la conducta criminal y se mostraran las principales teorías, las investigaciones y las cifras que demuestran en muchos de los casos la innegable correlación entre, *un tipo de tatuaje* (el criminal) (PRIMERA PARTE: La Etiología de la Piel Marcada).

EL segundo plano se presenta como, el más extenso. Donde la personalidad antisocial (pandillas, presos y otros antisociales) se discute a través del uso del tatuaje simbólico; pues este *símbolo* es la representación de una incapacidad para expresarse de una manera socialmente aceptable, siendo desde el punto de vista de quien esto escribe, *la mejor manera que posee un antisocial para comunicarse* (SEGUNDA PARTE: Nociones básicas del tatuaje criminal).

Y finalmente se expondrán las consecuencias socioculturales y medicas del acto de tatuarse además de aplicar el contenido expuesto sintetizado en un cuestionario y un test criminológico (TERCERA PARTE: Una nueva manera de llegar a la verdad).

PRIMERA PARTE

La Etiología de la Piel Marcada

El tatuaje es parte del diagnóstico criminológico dentro de los penales. Pero el diagnóstico antes que ser un discurso que justifique el acto delictivo o, una referencia estigmatizante, debe ser, principalmente, un recurso metodológico que nos acerque a la complejidad del sujeto.

Víctor A. Payá.

CAPÍTULO I

APRECIACIÓN CRIMINOLÓGICA DE LA SIMBOLOGÍA EN EL TATUAJE

I.1. INTRODUCCIÓN.

Durante largos años, cientos de personas han perdido la oportunidad de obtener un empleo, de iniciar una relación, de ingresar a una corporación o a un club, por el mero hecho de portar un tatuaje sin que siquiera, aquellos que les niegan el ingreso se encuentren enterados del motivo por el cual se deba excluir a estas personas.

Este es el trabajo, de tan ocultos datos, con el cual se pretende dotar al investigador de la etiología del tatuaje de su aplicación dentro de las ciencias sociales. Un solo tipo de tatuaje, identificado hace más de 100 años funge como aquella marca de criminalidad y atavismo que el mismo Lombroso ya diferenciaba en 1890.

Cin Ramírez distingue entre 2 tipos de tatuajes, el civil y el criminal los cuales se diferencian con los siguientes preceptos.

1. Civil: uso de color, carácter artístico, costoso, definido, significado solo para el portador.
2. Criminal: monocromático, punteado de verde, solo contorno, simbólico.

Lombroso lo denomino como *tatuaje penal*, siempre y cuando este se elaborase dentro de una prisión. Salillas lo nombro *tatuaje anormal*, en el momento que este fuese usado por delincuentes y en *normal*, cuando fuese portado por ciudadanos respetuosos de la ley.

Ahí radica la gran diferencia y distinción entre un tipo de tatuaje (criminal) y todos los demás que engloba el tatuaje civil.

I.2. CLASIFICACIÓN MEDIANTE EL TATUAJE.

La clasificación supone la ubicación de los condenados en grupos diversificados, cada uno de los cuáles poseen ciertos rasgos afines, con la finalidad de lograr una adecuada separación entre ellos, así como contribuir al propósito básico que persigue la ciencia penitenciaria, el cual es socializar o mejor dicho *amaestrar al criminal* para vivir en sociedad. La clasificación puede realizarse tomando como base diversos criterios.

En antaño, criminólogos como el español Mariano Ruiz Funes o los mexicanos Quiroz Cuarón y Sánchez Galindo clasificaban a los reclusos tomando como base la edad, sexo, salud mental y física, carácter, reincidencia y peligrosidad (hoy denominado *riesgo de violencia*). Esta orientación se diferencia de todas las demás pues se rige en criterios puramente criminológicos. Sin embargo, los criterios al respecto no son uniformes ni totalmente eficientes, puesto que desde la década de los 50s no se han adaptado a una nueva sociedad más evolucionada.[1]

Siguiendo las nuevas corrientes criminológicas *críticas*, las cuales buscan la integridad del recluso, implican una ardua tarea, pues es necesario distribuir al reo a una población de centros penitenciarios donde, probablemente, se vea las caras con los deudos de su víctima, miembros de bandas rivales o personas internadas gracias a su testimonio incriminatorio[2]. Esta

---

[1] *V.* Sánchez Galindo, Antonio. *Antología de derecho penitenciario y ejecución penal.* (México: INACIPE. 2014).

[2] *Cfr.* Palacios Pamanes, Gerardo Saúl. "La Caída del Sistema, "Crisis de gobernabilidad en las cárceles de México". *Criminología y Sociedad.* (2009). pp. 2 y 3.

clasificación se debe lograr mediante el uso de criterios de agrupación en función de su etiquetamiento, interaccionismo, asociación diferencial y peligrosidad, tratando de evitar el llamado *contagio moral* sobre el predominio biológico, psiquiátrico, psicológico y sociológico de la criminología clínica.

De esta manera los tatuajes, entre las poblaciones carcelarias pueden servir al propósito de la clasificación, reconociendo identidades individuales y grupales. Siendo desde el punto de vista que toma esta obra una característica (tatuaje) un tanto dinámica, ya que se puede ubicar entro de las 2 vertientes criminológicas más paralelas (crítica y clínica).

I.3. INTERACCIONISMO SIMBÓLICO.

El *Interaccionismo Simbólicos* es una de las corrientes de pensamiento criminológico que se basa en la comprensión de la sociedad a través de la comunicación visual que ha influido en la conducta criminal, pues esta es generadora de respuestas ante un etiquetamiento negativo hacia el individuo o grupo de individuos.

Este pensamiento se sitúa dentro del paradigma interpretativo, ya que se analiza desde una doble perspectiva, (individuo vs sociedad) el sentido de la acción social desde el enfoque de los participantes.

De acuerdo con el sociólogo de la desviación Herbert Blumer, miembro de la escuela de Chicago, quien acuña el término *interaccionismo simbólico* en 1937 y continúa con los estudios de George Herbert Mead; La naturaleza de un objeto (tatuaje) consiste en el significado que tiene para la persona y para la persona a la que va dirigido el objeto (tatuaje). Sus principales premisas son:[3]

1. Las personas actúan sobre los objetos (personas tatuadas) de su mundo e interactúan con otras personas a partir de los significados que los objetos (tatuajes) y las personas tienen sobre ellos. Es decir, a partir de los símbolos (tatuajes). El símbolo permite, trascender en el inconsciente y ampliar la percepción del entorno, incrementar el etiquetamiento, facilitar la imaginación y la fantasía.

2. Los significados (de los tatuajes) son producto de la interacción social, principalmente de la comunicación y asociación diferencial.

3. Las personas seleccionan, organizan, reproducen y transforman los significados interpretativos en función de sus experiencias negativas o positivas.

Dentro de este mismo enfoque simbólico muchas veces el número de tatuajes puede representar cifras de la realidad. Por ejemplo, muchas veces podemos observar calaveras, plumas, gotas de sangre, rosas, lágrimas, arañas, estrellas, pájaros, rostros, lapidas, flores, etc. Sobre los cuerpos de cientos de prisioneros y que pueden indicar cifras tales como: homicidios, muertes, violaciones, condenas, entre otras y de la misma manera también pueden simbolizar elementos positivos como el número de hijos, nietos o de parejas sentimentales.

La interpretación desde el punto de vista de los participantes (es decir; de los tatuados y de los no tatuados) se realizó cincuenta años después de que Blumer acuñara el termino, otro sociólogo de nombre Joel M. Charon basado en los estudios del *conductismo,*

---

[3] *V.* Iván Cubillas Fontana, "Interaccionismo simbólico". *Crimipedia* (blog). Dirección en internet: http://crimina.es/crimipedia/topics/interaccionismo-simbolico/ Consultado, 23/01/2019.

determino que los símbolos (tatuajes) son cruciales en el sentido de que permiten a las personas actuar de un modo distintivamente humano (etiquetando) cumpliendo una serie de 7 funciones específicas para el actor.[4]

1. Los símbolos (tatuajes) permiten a las personas, relacionarse con el mundo social y material permitiéndoles nombrar, clasificar y recordar los objetos que encuentran en él.

2. Los símbolos (tatuajes) incrementan la capacidad de las personas para percibir su entorno.

3. Los símbolos (tatuajes) aumentan la capacidad de pensamiento y la imaginación.

Aunque una serie de símbolos pictóricos como los tatuajes pueden permitir o distorsionar una capacidad limitada de pensamiento o de percepción, el lenguaje aumenta enormemente mediante el empleo de este entendimiento visual. Blumer es sus estudios sobre la comunicación distingue entre símbolos *significantes* y *símbolos no significantes*. Un símbolo significante es una suerte de gesto (tatuaje) que sólo los humanos son capaces de realizar. Así los gestos (tatuajes) se convierten en símbolos significantes cuando surgen de un individuo (criminal; *pandillero*) para el que constituyen el mismo tipo de respuesta (no necesariamente idéntica), que se supone provocarán en aquellos a quienes se dirigen (otros criminales; *pandilleros*). Por otra parte, un signo no significante (tatuaje) se hace consciente cuando el mensaje no se logra interpretar por la persona a la que va dirigido (*no pandilleros*) y de la que se espera una reacción tal que puede provocar: reproche, indignación o confusión.

4. Los símbolos (tatuajes) ensanchan la capacidad para resolver diversos problemas.

---

[4] *S/a*. Unidad No 5: El Interaccionismo Simbólico (México: Universidad América Latina. 2009). Edición en PDF. pp. 28 - 31.

Mientras que los animales inferiores suelen utilizar el método de prueba y error. Los seres humanos podemos, servirnos de símbolos pictográficos como los tatuajes para, valorar diversas acciones alternativas como: eludir, atacar, o fraternizar con el portador. Esto reduce la posibilidad de cometer errores costosos antes de elegir una de ellas.

5. Los símbolos (tatuajes) permiten a los actores trascender en el tiempo, y en el espacio.

Trascender en el pasado y en el futuro, simbólicamente imaginando cómo es o fue el mundo, desde el punto de vista de otra persona, mediante la historia contada a través de sus tatuajes.

6. Los símbolos (tatuajes) nos permiten imaginar una realidad metafísica, como el cielo o el infierno, el bien y el mal, la bondad y la maldad.

7. Los símbolos (tatuajes) no evitan o incluso fomentan en las personas ser esclavas del entorno.[5]

I.4. ORIGEN DEL TATUAJE CRIMINAL.

Todos los pueblos aun los menos civilizados, tienen un arte que demuestra la existencia de un sentimiento estético y en su génesis el tatuaje fue simplemente ornamental o decorativo. A la manera de pavorreal, el hombre primitivo solía tatuarse para parecer más atractivo, fiero o para distinguirse entre la y las tribus.[6]

---

[5] Parafraseando el postulado final de Charon, la séptima función de los símbolos, se ha distorsionado, pues la transcripción original se contrapone a lo plasmado en párrafos futuros.

[6] *Cfr.* Cesare Lombroso. *The Savage: Origin of Tattoing.* LM Publishers. S.L. 2016. Edición para dispositivos electrónicos. p. 26.

Su etiología se remonta a la palabra en polinesio *tatahu* compuesta por la palabra *ta* que significa dibujo y *tau* que se refiere a piel. Los primeros exploradores ingleses lo pronuncian *tahoo*, y lo escriben como *tattow*, para cuando la palabra llega a Alemania se escribía *tatowiren*, y en italiano *tatuaggio*, *pero* al español llego por medio de la palabra en francés *tatouage*.[7]

Prácticamente todas las culturas existentes han practicado el tatuaje en uno u otro momento de su historia. Darwin aseguraba que esta actividad era innata y universal en el hombre pues toda sociedad enajena a sus integrantes a través de sus cuerpos[8]. La historia del tatuaje tiene más de 8000 años de antigüedad, desde tiempos neolíticos y distintas culturas alrededor del mundo[9] lo acostumbran religiosamente. No se sabe exactamente cuándo se empezaron a tatuar los seres humanos, pero se tiene conocimiento de que antes de la época de los faraones, hace aproximadamente 4000 años a.c. ya existían tatuadores[10]. Los primeros tatuajes tenían un significado místico, iban muy unidos a las creencias de los pueblos indígenas, se creía incluso que otorgaban poderes especiales, diferenciaban clases sociales o fungían como castigo.

En la Biblia, Moisés, por ejemplo, prohibió a los hebreos la costumbre de tatuarse. En el capítulo XIX del *levítico* dice a su pueblo: *vosotros no os haréis incisiones para llorar a los muertos y vosotros no os imprimireis sobre el cuerpo ningún carácter de falsas*

---

[7] *Cfr.* Lacassagne Alexandre. *Les Tatouages, Étude Anthropologique et Médico-légale.* (Paris. Francia: Librería JB Baillépe y Son. 1881) (PDF). p. 6.

[8] *Cfr.* Martínez Baca Francisco. *Los tatuages: estudio psicológico y médico-legal en delincuencia y militares.* (México: Tipografía de la Oficina Impresora del Timbre. Palacio Nacional.1899). (PDF) p. 2.

[9] Sobre este dato en particular: *Makondes*, en África. *Maories* y Kalingas en el Pacifico Sur. *Muuns*, en Birmania. *Celtas* y *Vikingos* en Europa. *Caribes* en América. Egipcios y japoneses.

[10] *Loc.cit.* Lombroso. *Op. cit.* p. 17.

divinidades[11]. Durante la era romana el tatuaje se consideraba como algo negativo, pues era usado para reconocer criminales, bandidos, barbaros, piratas y después cristianos; el mismo Julio Cesar lo llamo *la mancha del des honor*, que se aplicaba solo a los animales (esclavos) y se castigaba al ciudadano que lo expusiera en público por decreto romano (ley)[12]. El emperador Constantino I *El Grande*, primer emperador cristiano, emite un decreto en contra de la práctica del tatuaje. Fue en este momento cuando se comenzó a etiquetar al tatuaje como un elemento de la criminalidad. Irónicamente las guerras constantes, en las cuales se enrolaba el imperio, permitió a los soldados romanos conocer y entrar en contacto con tribus bárbaras, donde el tatuaje consistía en un rito de paso de la niñez a la adultez o en un sigo de estatus dentro de la tribu y fueron esos mismos soldados quienes por admiración o asimilación se encargaron de insertarlo en la sociedad romana.

Para el año 787 el Papa Adriano I, líder de la iglesia católica se dirige contra la práctica del tatuaje, en el Consejo Ecuménico de la ciudad de Nicea, prohibiendo la práctica del tatuaje entre los fieles católicos, llamando a esta práctica *salvaje y bárbara*.[13]

En épocas antiguas esta costumbre identificaba a las personas de acuerdo al rol que tenían en la sociedad, así sigue su curso hasta ahora, que suelen usarse como adorno o complemento de un *look*. Su significado ha variado durante siglos, no así su connotación negativa. Por ejemplo, hasta hace poco los marinos se grababan el nombre de su barco y muchos cadáveres eran identificados en el mar, por medio de ese tatuaje. Para la época de los 50s y los 60s las personas se hacían tatuajes cuando se

---

[11] *Apud.* Moisés, *Levítico.* En Martínez Baca. *Op. cit.* p. 12.

[12] *Ídem*, pp. 238 y 239.

[13] *Cfr.* S. Post Richard. "Relationship of tattoos to personality disorders". Northwestern. EE. UU: *Journal of Criminal Law and Criminology.* Volume 59, Issue 4, Article 5 (1969). (PDF) p. 517.

encontraban bajo el efecto de sustancias psicoactivas he iniciaba su uso estético para disimular cicatrices u otro tipo de defectos de la piel. Hoy día el diseño de los tatuajes se ha expandido a miles de dibujos y los jóvenes se los plasman con el interés de identificarse con un cierto grupo social.

Los significados pueden cambiar dependiendo de la cultura en la que se realicen, así que no existe un significado general para todos. Aunque en determinados sectores culturales, como en las bandas mafiosas y pandilleriles cada tatuaje posee un significado específico, donde estos símbolos cobran una mayor relevancia.

I.5. FUNDAMENTOS DEL TATUAJE Y LA PERSONALIDAD.

Existe un principio sociológico, fundado en las leyes naturales, que consiste en que las costumbres de los hombres están determinadas por el medio en que viven[14]. El mismo principio puede aplicarse a los símbolos que los representan. De esta manera aquellos individuos que habitan en determinadas áreas geográficas, tienden a tatuarse temas alusivos a su medio ambiente. De la misma manera, pero como mecanismo de defensa, se pueden dar casos donde el individuo se tatué sus insatisfacciones, carencias o deseos, así los habitantes del interior podrían tatuarse algún tipo de animal marino. En otras palabras, es el marco interno de la persona, el cómo percibe su medio ambiente o el cómo, lo interpretara la sociedad, determinaran cómo él se actuará.

Siguiendo una línea del tiempo, años más tarde los marineros, se hicieron dibujos de tipo afectuoso, donde quedaba grabado el nombre de su amada, la bandera de su patria o se dibujaban símbolos como palomas, cruces y escudos, anclas u otro tipo de señal, que le indicara al resto de la humanidad, algunas características, gustos o en general datos acerca de su personalidad.

---

[14] V. Martínez Baca Francisco. *Los tatuages…* p. 87.

En la actualidad los tatuajes son muy populares y muchos de los significados originales de los diseños se han perdido con el tiempo, o tienen un significado completamente distinto para diferentes personas y diferentes culturas.

Existen diferentes tipos de tatuajes, unos más glamorosos que otros, algunos exóticos, caros y elaborados más que los demás, pero al final todos representan la búsqueda de una identidad y un lugar de pertenencia. De esta manera el tatuaje es una afirmación impregnada en la piel de forma permanente para confirmar la identidad. Para muchos jóvenes el hacerse un tatuaje significa poner el punto final a su infancia. El tatuaje representa para ellos la libertad, la adultez y la emancipación de los padres. Recuerdo de otros, etapas de la infancia donde, se les estaba prohibido y ahora que son adultos nadie puede influir en su realización. Uno que otro adulto joven debido a su *ego*, gusta de provocar comentarios negativos, en los adultos no tan jóvenes, así como generar inquietudes y molestias ante los más conservadores. Además, el tatuaje con una limitada cantidad de dolor se considera un signo de masculinidad o fuerza.

La encuestadora, Gabinete de Comunicación Estrategia (GCE) nos otorga un porcentaje de edades: 37% de los que tienen tatuajes se realizaron el primero entre los 18 y 25 años.[15]

Las edades fluctúan entre los, menos 18 y 36 o más.

- Menos de 18 años, es igual al 33% de la muestra.
- De 18 a 20 años, representan el 20% de la muestra.
- De 21 a 25 años, 12% de la muestra.

---

[15] *Cfr.* Gabinete de Comunicación y Estrategia (GCE). "Discriminación por tatuajes 2016" (Encuesta en PDF). Dirección en internet: http://www.gabinete.mx/index.php/component/k2/item/569-discriminacion-por-tatuajes-2016 (Consultado, 23/01/2019).

- De 26 a 30 años, 6%.
- De 30 a 36 años, 5%.
- De 36 o más, 11% de la muestra.

En cuanto a la edad, el mayor porcentaje de individuos tatuados (26%) se encuentra entre 26 y 35 años, seguidos por los adultos maduros (23%) de 36 a 45 años, y por los jóvenes (18%) cuyas edades oscilan entre los 18 y 25 años.

La encuestadora Parametria realiza la misma encuesta durante el año 2012 y estos son sus resultados más relevantes en materia: Uno de cada 10 mexicanos cuenta con algún tatuaje. Los tatuajes son más usados por hombres (70%) que por mujeres (30%). Las partes del cuerpo más adornadas son las extremidades (brazos y piernas). El 60% de los que tienen algún tatuaje lo porta en los brazos, 23% en la espalda, 16% en el tobillo y el 6% en el pecho.[16]

Siguiendo todas las investigaciones psicológicas, desde este punto de vista el tatuaje en los jóvenes funge como:

- Indicador de la personalidad.
- Indicador de pertenecía a un grupo.
- Indicador de inicio a una nueva etapa (adulta).
- Indicador de libertad.
- Indicador alusivo a un suceso relevante.

Como se puede apreciar en las cifras es en la adolescencia y juventud (de menos 18 a 20 años, igual al 53% de la muestra) donde se manifiestan con más fuerza las tensiones asociadas a la autoafirmación de la personalidad, mediante el uso del cuerpo como

---

[16] *V.* Parametria. "Tatuarse sin permiso: un delito" (Encuesta en PDF). Dirección en internet: http://www.parametria.com.mx/carta_parametrica.php?cp=4437 (Consultado, 23/01/2019).

elemento para la construcción de una identidad, dentro del grupo al cual se pretende pertenecer, es así como el acto de tatuarse se transforma en una experiencia personal que se comparte con otros, formando grupos no necesariamente iguales. Sin lugar a dudas, no existe una etapa tan crucial para un humano como la adolescencia. Y abordando el tema que nos ocupa; para muchos jóvenes el hacerse un tatuaje significa: poner el punto final a su infancia, libertad, adultez, emancipación o incluso virilidad sexual.

I.6. EL TATUAJE Y LOS TRASTORNOS DE PERSONALIDAD, PRINCIPALES ESTUDIOS.

Todos los estudios recientes, que examinan la asociación entre los tatuajes y los trastornos de la personalidad, que toman muestras en poblaciones juveniles, militares, carcelarias y psiquiátricas; coinciden con (1) la presencia y correlación de estos símbolos con psicopatologías relacionadas con la psicopatía y con trastornos de personalidad como: el disocial, antisocial, limite y sádico. (2) Con las conductas autodestructivas o mutilantes. (3) Con las afecciones de carácter psiquiátrico. (4) Con la neurosis de origen sexual. (5. Se analizará en el capítulo siguiente) Con la criminalidad. Y (6. Capítulos siguientes) finalmente con una incapacidad para comunicarse de una manera socialmente aceptable.

Se cree entre otras causas que los individuos diagnosticados con un trastorno de personalidad, utilizan marcas físicas externas, como los tatuajes; que en estos casos fungen como: (A) Un mecanismo de defensa primitivo (defensa exoesqueletica, que fortalece el ego reducido), (B) como un método para reducir la gran ansiedad de la cual se ven presas, (C) como forma de comunicación y (D) proyección de autocastigo. Otras investigaciones de esta índole han demostrado que; (1) los sujetos con múltiples tatuajes dan indicadores más altos de inadaptación que aquellos sujetos sin tatuajes o con un solo tatuaje y (2) aquellos sujetos que presentan dos o más tatuajes padecen conflictos sexuales y agresivos sin resolver.[17]. Otra explicación más filosófica con base en el etiquetamiento es la contribución de Foucault. Como búsqueda de identidad, forma de comunicación y proyección de autocastigo.

De todas y cada una de estas maneras, es como los tatuajes tienen su base en el inconsciente, proyectando las problemáticas del sujeto y la búsqueda de su propia identidad delincuente, a través de un lenguaje simbólico corporal.

(1) Para determinar la correlación de estos símbolos con psicopatologías relacionadas con la psicopatía y con trastornos de personalidad. La psicóloga forense Hilda Marchiori en su libro *psicología criminal,* específicamente en un capítulo llamado *personalidad psicopática y criminalidad,* menciona, 2 de varias características patológicas del psicópata. (a) La primera es marcar su cuerpo a través de tatuajes[18], ya que su patología se caracteriza por la notable analgesia necesaria para tatuarse el rostro o los genitales. (b) La segunda, su conducta autodestructiva o automutilante.

De la misma manera Marchiori expone las similitudes del ladrón y la personalidad psicopática, pues es característica de este la acción de tatuarse y exhibirse.[19]

(2) Para determinar la correlación con las conductas autodestructivas o mutilantes. Dentro de unos de sus *bertillonajes* Lombroso encontró una gran cantidad de criminales con los genitales tatuados, uno de los cuales tenía el rostro muy elaborado de una mujer tatuado sobre la cabeza del pene, pues el glande y su

---

[17] *Cfr.* Cardasis William, *et.all.* "Tattoos And Antisocial Personality Disorder". *Personality and Mental Health. Volume 2. July,* (2008) (PDF). p 172.

[18] *Cfr.* Marchiori, Hilda. *Psicología Criminal.* (Toluca, México: Porrúa. 2014). p. 111.

[19] Marchiori, *op. cit.,* p. 34.

orificio uretral representaban la boca de la mujer. Esto, dijo el maestro de Turín demostraba la ausencia de sensibilidad, al ser esta una de las mayores zonas de dolor en todo el cuerpo[20], Si el investigador ahonda en la simbología de dicho tatuaje puede descifrar que los testículos del sujeto fungían como los senos de la mujer, así como el vello púbico cumplía la función de cabellera.

Del resultado de la investigación llevada a cabo en el año de 1959 por el Laboratorio de Investigaciones Navales del estado de Connecticut EE. UU. con el objeto de excluir a los reclutas psicológicamente inadaptados de la escuela de submarinos[21], se realizó la prueba de *inteligencia general* o *g factor* (PIB) por sus siglas en inglés, a una muestra de 648 marinos, obteniendo como resultado las siguientes conclusiones:

1. Los sujetos con múltiples tatuajes dan indicadores más altos de inadaptación que aquellos sujetos sin tatuajes o con un solo tatuaje.
2. Los sujetos que desean realizarse en el futuro un tatuaje, obtienen puntuaciones más altas de inadaptación que aquellos sujetos que renuncian el deseo de realizarse un tatuaje.
3. Los sujetos que poseen 2 o más tatuajes padecen conflictos sexuales y agresivos sin resolver.

O la investigación del año 2008 publicada en la revista Personality and Mental Health, de los psiquiatras forenses William Cardasis, Alissa Huth y Kenneth Silk, quienes estudiaron la población de un centro de reclusión psiquiátrico, en el estado de Michigan, EE. UU. Planteando la hipótesis que existe, entre el trastorno de personalidad antisocial y su relación directamente

---

[20] Lacassagne, p. 70.

[21] *Apud.* William Haines y Arthur V. Huffman. *Tattoos Found in a Prison Environment.* En Post. *Op. cit.* p. 521.

proporcional a la cantidad y extensión de tatuajes en el cuerpo.[22] Buscando las diferencias que existen entre aquellos (1) internos diagnosticados con un trastorno de personalidad antisocial como trastorno primario de comorbilidad que presentan tatuajes sobre su cuerpo y aquellos (2) internos que también padecían el trastorno pero sin comorbilidad y que no presentan tatuajes en su cuerpo. Debido a que los pacientes con TPA y comorbilidad son incapaces de controlar sus impulsos claramente criminales, los tatuajes que presentaban podían fungir como un medio eficiente de diagnóstico y clasificación criminológica.

La muestra se obtuvo de un total de 36 internos varones. El grupo incluyó a todos los internos sin distinción de raza (factor de criminalidad empleado en países con una clara mayoría racial). De la muestra el 78% de los internos se encontraban recluidos por delitos considerados violentos. Sus edades oscilaban entre los 20 y 59 años, medianamente instruidos y la gran mayoría se presentaron como solteros.

Durante el estudio se buscaron diferencias en distintos ámbitos psicopatológicos, desde su presencia en trastornos de personalidad, hasta su historia familiar. Mediante una tabla de comparación de resultados los investigadores expusieron las diferencias obtenidas (CUADRO N° 1).

---

[22] *Cfr.* Cardasis William, *et.all. passim…*

CUADRO N° 1

DIFERENCIAS ENTRE LOS INTERNOS DIAGNOSTICADOS CON TPA TATUADOS Y AQUELLOS DIAGNOSTICADOS CON TPA NO TATUADOS

VARIABLE	CON TATUAJE	SIN TATUAJE
COMORBILIDAD	17	19
TRASTORNO DE PERSONALIDAD ANTISOCIAL	11	6
TRASTORNO LÍMITE DE LA PERSONALIDAD	6	4
HISTORIA DE ABUSO DE SUSTANCIAS	14	10
REGISTRO DE CONDENAS ANTERIORES	5	3
HISTORIAL DE VIOLENCIA	11	16
FAMILIARES CON TATUAJES	8	6
CONDUCTAS AUTOMUTILANTES	5	3
HISTORIAL DE ABUSO SEXUAL	5	1
HISTORIAL DE ENFERMEDADES DE TRASMISIÓN SEXUAL	5	3
HISTORIAL DE INTENTOS DE SUICIDIO	11	6

Fuente: propia, adaptada de William Cardozin, et. All.

23

---

[23] **CUADRO N° 1DIFERENCIAS ENTRE LOS INTERNOS DIAGNOSTICADOS CON TPA TATUADOS Y AQUELLOS DIAGNOSTICADOS CON TPA NO TATUADOS**

Gracias a esta comparación y posteriores análisis, se determinó que los internos diagnosticados y con tatuajes tendían a ser más jóvenes, dedicarse a ocupaciones menos especializadas, así como la posibilidad de que estas personas hubiesen sufrido abusos físicos y sexuales durante la infancia, abuso de sustancias durante su adolescencia y manifestasen desprecio por su propia vida, revelando intentos de suicidio. La investigación también determino que no existen diferencias entre razas, estado civil o nivel escolar en lo referente a los tatuajes.

Según este estudio los pacientes recluidos en un Centro Federal de Rehabilitación Psicosocial, con tatuajes tienen más probabilidades de padecer un trastorno de personalidad antisocial con comorbilidad, así como manifestar intentos de suicidio, abuso de sustancias, y abusos sexuales. Gracias a investigaciones como esta, se pueden intuir resultados como: los adolescentes con tatuajes son más propensos a padecer algún trastorno de conducta que los adolescentes sin tatuajes.

(3) Para determinar la correlación con las afecciones de carácter psiquiátrico. El estudio de la universidad de Nápoles, psiquiatrías demostraron la correlación entre las modificaciones corporales (perforaciones y tatuajes principalmente) y los comportamientos autodestructivos (agresiones al propio *self*). El estudio tomo una muestra de 121 individuos de las cuales, solamente 48 mujeres y 21 hombres presentaban tatuajes. A dicha muestra, se le realizaron las siguientes pruebas psicológicas: (1) Escala de bienestar psicológico o PGWBI por sus siglas en inglés; escala que mide el nivel de satisfacción en distintos ámbitos de la vida. (2) Escala de conductas autodestructivas (SHI), que engloba todos los daños provocados al propio cuerpo. (3) Índice del síndrome de borderline o personalidad limite (BSI). (4) Escala de experiencia disociativa (DES II). (5) Escala de alexitimia de Toronto (TAS 20), que mide rasgos tales como: empatía, embotamiento afectivo y egocentrismo[24]. Mediante gráficas comparativas, presentaron sus resultados (GRAFICA N°1):

1. Los resultados PGWBI demostraron claramente una correlación significativa entre la perforación y el tatuaje con la angustia psicológica.
2. La prueba SHI demostró una diferencia significativa entre los grupos relacionados con los comportamientos de automutilación o autodestrucción.

Antonio D´ambrosio, *et. All.*

> *Los resultados, obtenidos mediante el análisis de los comportamientos de riesgo de los sujetos, mostraron que el 99% de las muestras tatuadas abusan del alcohol, el 92% a menudo conduce su automóvil de manera imprudente, el 90% uso drogas, 45% mantiene relaciones sexuales con distintas personas de manera habitual. Mientras que el 35% de los sujetos tiene problemas con la autoridad; el 25% de los sujetos descuidan las heridas y los tratamientos médicos, mientras que el 33% mostró prácticas automutilantes.* [25]

3. Los resultados de la BSI mostraron una tendencia positiva, justo en el límite de sujetos con perforaciones, mientras que las personas con tatuajes fueron colocadas en el umbral considerado más saludable, pero solían tener puntuaciones medias.
4. La escala DES II no encontró diferencias significativas en comparación con aquellos sujetos, sin modificación del cuerpo.
5. La prueba TAS 20 puso de relieve una diferencia entre el grupo de tatuaje y la perforación con el grupo de control.

---

[24] *Cfr.* D´ambrosio Antonio, *et. all.* "Piercings and Tattoos: psychopathological aspects". Nápoles, Italia: *Activitas Nervosa Superior Rediviva, Volume 55, No. 4* (2013). (PDF). p. 143.
[25] *Ibid.*, p. 146.

GRAFICA N°1
COMPARATIVA DE SUJETOS TATUADOS Y NO TATUADOS

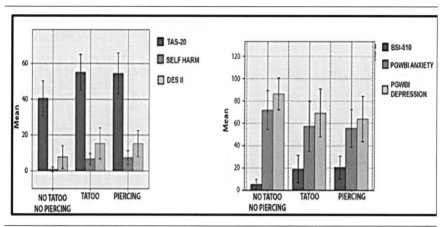

Fuente: adaptada de, Antonio D´ambrosio, et. All.

Al examinar varias áreas psicopatológicas como: trastorno límite de la personalidad, la presencia de conductas automutilantes, el trastorno disocial y el estado de bienestar. El estudio demostró de manera efectiva la correlación entre los sujetos con perforaciones y tatuajes con características de trastornos psiquiátricos.

Existe otra investigación realizada por los mexicanos Francisco Páez, Rebeca Robles, Gustavo Castillo, Juan Antonio Vargas, Patricia Morales, Manuel Sánchez, Humberto Nicolini y colaboradores, en el año de 1995 dentro del penal de Almoloya de Juárez, donde de 504 sujetos, 195 tenían algún tatuaje. La investigación titulada *conducta criminal de alta peligrosidad; personalidad y tatuajes,* [26] retoma la investigación centenaria de Martínez Baca. Buscando establecer patrones sintomáticos, anatomopatológicos, mediante el diseño de los tatuajes y su relación con algunas dimensiones de la personalidad, mediante los rasgos

---

[26] *Cfr.* Páez Francisco, *et. All.* "Conducta criminal de alta peligrosidad: personalidad y tatuajes". D.F., México: *Anales, Instituto Mexicano de Psiquiatría. Núm. 6* (1995). (PDF) pp. 100-104.

más llamativos y significativos de los criminales y delincuentes en prisión, quienes presentan un gran interés por tatuarse.[27]

De los 504 internos, solo 195 o el 38.6% presentaban algún tatuaje, entre 1 y 71 tatuajes por sujeto a un promedio de 10 tatuajes por interno. El contenido de los tatuajes y el porcentaje de sujetos tatuados se presentan a continuación.

CUADRO N° 2
Conteo De Tatuajes

CLASIFICACIÓN Y NUMERO DE TATUAJES DISTRIBUIDOS PROPORCIONALMENTE ENTRE LA MUESTRA	TIPO PENAL, DELINCUENTES Y EL PORCENTAJE DE ELLOS QUE PRESENTO UN TATUAJE
1. Nombre o letras: 145 tatuajes distribuidos entre el (74%) de la muestra. 2. Flora o fauna: 130 (66%). 3. Místicos: 97 (49%). 4. Diabólicos: 70 (35%). 5. Corazones: 66 (33%). 6. Anatómicos: 59 (30%). 7. Rostros: 51 (26%). 8. Listones: 36 (18%). 9. Indígenas: 31 (15%). 10. Dragones: 29 (14%). 11. Eróticos: 25 (12%).	1. Contra la vida y la salud de las personas: 159 delincuentes de los cuales el (55%) presentaban tatuajes. 2. Contra la salud: 112 (38%). 3. Contra el patrimonio: 114 (39%). 4. Contra la libertad sexual: 33 (11%) 5. Contra la seguridad pública: 29 (10%). 6. Contra la libertad: 15 (5%). 7. Otros: 42 (2%).

Fuente: propia, adaptada de Francisco Páez, et. All.

Aunque no existieron diferencias entre el número de tatuajes y las categorías delictivas, de los 195 sujetos tatuados, los convictos por delitos contra la vida y la salud de las personas se inclinaron por *tatuajes diabólicos*. Los convictos por delitos contra el patrimonio y la salud, presentaron una tendencia a tatuarse rostros.[28]

---

[27] *V.* Piña Mendoza, Cupatitzio. "El cuerpo un campo de batalla. Tecnologías de sometimiento y resistencia en el cuerpo modificado". México: *El Cotidiano, vol. 20, núm. 126.* D. F. (2004).
[28] *Ídem*, p. 103.

Mediante el *inventario multifásico de personalidad de minessota* se llevó a cabo una valoración con el fin de establecer la tipología del sujeto criminal basada en el tipo de tatuaje. Presentando la conclusión más relevante.[29]

- Existe una relación entre el contenido de los tatuajes y las tendencias psicopatológicas y esquizofrénicas.

En los pasados 10 años, múltiples investigaciones pusieron de relieve, que los tatuajes y las perforaciones pueden indicar un mal funcionamiento psicosomático y pueden ser un posible índice de psicopatologías y de enfermedades mentales.[30]

- Braithwaite, Robillard, Woodring, Stephens y Arriola encontraron en el año 2001 que los sujetos con modificaciones corporales (por ejemplo, tatuajes) están unidos por el abuso de la marihuana, el alcohol y el consumo excesivo de fármacos, antidepresivos y sedantes, proporcionando evidencia de la relación entre tatuajes y comportamientos perjudiciales.
- Sean, Carroll y Riffenburgh en el 2002, en un experimento con 552 sujetos, mostró una relación entre las modificaciones corporales y comportamientos de riesgo, especialmente entre los adolescentes.
- Stephens en el 2003, examinando los comportamientos de riesgo en 550 sujetos con tatuajes que se alistaron en la marina de EE.UU. Descubrió que dichos individuos tatuados eran más propensos al abuso de alcohol, cigarrillo, drogas y a conducir bajo la influencia del alcohol.

Todos estos estudios contienen la hipótesis de que la presencia de los tatuajes puede servir para indicar, características

---

[29] *Ibid*. pp. 102 y 103.
[30] *Cfr*. D´ambrosio Antonio, *et. All*. p. 144.

de trastornos de la personalidad debido a que, en la mayoría de los casos, el trastorno se puede manifestar por signos como patrones de acción o comportamiento, en lugar de síntomas emocionales o mentales. Esto hace hincapié en la necesidad de más investigación en esta área.

(4) Para determinar la correlación con la neurosis de origen sexual. Investigaciones llevadas a cabo en un hospital del estado de Massachusetts en relación al simbolismo en el tatuaje, revelaron que todas las personas evaluadas indicaron que el tatuaje, representa el acto sexual con ellos mismos. De la misma forma se determinaron 3 elementos en el acto de tatuarse.[31]

1. El elemento exhibicionista.
2. El simbolismo del acto.
3. El elemento masoquista.

(1) La motivación básica es el exhibicionismo, puesto que todos muestran sus tatuajes sin importar la región donde se encuentren. El elemento sexual no podía dejarse de lado en la apreciación criminológica del tatuaje, puesto que el psicoanálisis basa casi enteramente todos sus postulados en la teoría *pansexual,* por ende, todo tatuaje debe contener un elemento sexual para el inconsciente y muchas veces para el consciente.

(2,3) William Haines y Arthur V. Hoffman explican lo siguiente:

> *La perforación de la piel, la inserción de la aguja, y la postulación del fluido sanguíneo en la piel, representan el acto coital. Esta teoría fue aún más aceptada por los propios investigadores, por el supuesto que al igual que el acto sexual, este requiere tanto de un tatuador activo*

---

[31] *Apud.* William Haines y Arthur V. Huffman en Post, op. cit. p. 521.

y de un participante pasivo, además, que el acto contiene una combinación de placer y dolor por parte de ambos participantes. [32]

Se sabe que las prostitutas frecuentemente se tatúan, habiendo encontrado que ciertos diseños, estimulan sexualmente a ciertos clientes. Tatuajes en los senos y vagina, glúteos y parte baja de la espalda son frecuentes. El elemento masoquista parece estar presente en el caso de los genitales tatuados ya que el proceso es extremadamente doloroso. O los estudios realizados por la universidad Bretagne Sud en Francia, revelaron que las mujeres con tatuajes en la parte baja, de la espalda (tramp stamp) [33], siempre estarán asociados con la promiscuidad, un carácter sexualmente desarrollado, disforia de género y una libido muy alta. Y la teoría del tatuador homosexual.[34]

Conclusiones:

El propósito de este tipo de trabajos, es mostrar que la presencia de un tatuaje o tatuajes, puede servir para indicar la relación entre, una conducta que se desvía y que podría manifestarse en forma de *comportamiento criminal.* Esto sin embargo no siempre implica que existe una vinculación directa entre la presencia de un tatuaje y la tendencia hacia la criminalidad. Ya que existen cientos de personas que poseen tatuajes y no son criminales.

Sin embargo, lo que las conclusiones nos muestran, es el hecho que un mayor porcentaje de psicópatas, antisociales, sádicos, suicidas, criminales, y neuróticos tienden a marcarse (lógico, más de lo que normalmente se esperaría en una distribución normal de la población con *tatuajes civiles*) el cuerpo.

---

[32] *Ibid.,* p. 519.
[33] *Supra.* II.6.13. TRAMP STAMP. p. 57.
[34] Post, S, Richard, *op. cit., p.* 519.

Un ejemplo, es el caso de la personalidad antisocial y sus componentes criminológicos (A) egocentrismo, que se ve reflejado en el gusto por mostrar sus tatuajes, (B) la agresividad, que muchas veces expresan sus tatuajes, (C) labilidad, manifestada en su propia autoagresión, (D) indiferencia afectiva, necesaria para pasar por alto, la seguridad sanitaria de los demás y finalmente (E) identificación criminal, manifestada por el hecho que muchos criminales se sienten identificados con sus tatuajes. Desde la perspectiva de una buena criminología clínica que considera los factores biológicos y ambientales; existen más de 4 maneras de llegar a la verdad etimológica-multifactorial. Desafortunadamente para el tema que se aborda (tatuajes), 4 son las formas tradicionales a saber: (1) Entrevista directa con el individuo, (2) entrevista con los familiares, (3) análisis de trabajo social y (4) pruebas psicológicas. En este sentido el método, no carece de sentido.

De esta manera se dan los casos de quienes utilizan inconscientemente el tatuaje, como la proyección de su personalidad plasmada en símbolos de manera permanente sobre su piel. Dando nota de lo útil, que resulta conocer e identificar tatuajes dentro y fuera de una institución penitenciaria.[35]

I.7. CRÍTICA CRIMINOLÓGICA A LAS TEORÍAS.

Existe la posibilidad de que el tatuaje no sea una proyección de la personalidad del sujeto, sino más bien resultado de la convivencia carcelaria.

¿Puede practicarse el tatuaje en una persona dormida o en estado de embriaguez? Cientos de testimonios dan fe de haber sido tatuados mientras dormían o se encontraban ebrios o drogados sin

---

[35] Sobre este tema en particular: se plantea una nueva pregunta, que abre un espacio para la reflexión. Qué mejor lugar, para plasmar recuerdos, frustraciones, resentimientos, creencias y también porque no, esperanzas.

darse cuenta del acto en cuestión[36]. Martínez Baca en su libro le dedica un capítulo completo en su libro, determinando las siguientes conclusiones:

- El sueño es la suspensión temporal de los estados de consciencia y la cesación de las reacciones motrices externas. Pues cuando el sueño es completo el corazón retarda su acción y la circulación de la piel se debilita, produciendo que un agente externo genere reacciones casi nulas. Si a este estado fisiológico le agregamos factores como: fatiga, atrofia de los músculos, o la duración del excitante pueden provocar que el sujeto pueda ser picado varias veces con la aguja.

Lacassagne recupera el testimonio de un preso, quien aseguraba haber sido tatuado mientras dormía, 2 días seguidos a fin de cumplir una apuesta con otro preso por 2 *francos* a que no podía marcarlo mientras dormía. El primer día despertó con una *abeja*, tatuada en el muslo derecho. El segundo día despertó a la mitad del procedimiento con el perfil tatuado de una mujer sobre el otro muslo.[37]

- La ingesta de grandes cantidades de alcohol y la posterior embriaguez puede provocar estados de pérdida total de consciencia, movilidad, sensibilidad y hasta la muerte.

Martínez Baca se encontraba sorprendido a causa de la negativa de los soldados a quitarse la ropa durante los exámenes médicos, pues dice que estos se avergonzaban de mostrar sus tatuajes, asegurando haberlos adquirido en un sueño etílico. [38]

---

[36] Martínez Baca, *op. cit.*, p. 227.

[37] *V.* Lacassagne, *p.* 107.

[38] *V.* Martínez Baca, pp. 108 y 231.

- El estado fisiológico que producen ciertas drogas como los opiáceos, los inhalantes y algunos medicamentos de uso controlado, desembocan un embotamiento físico, semejante a un estado de coma.

Payá Porres recupera el testimonio de una mujer agraviada, la cual mientras se encontraba dormida a causa de la droga, le fue tatuada en el pecho una mariposa y unas cuantas flores, que en su propia opinión exclama: *están bien feas mis flores*.[39]

Así podemos concluir que el tatuaje no siempre representa la proyección de una personalidad desviada, pues existen regiones corporales proclives para tatuar a una persona inconsciente, los cuales pueden ser la cara externa de los antebrazos y muslos. Pero en el caso de la ingesta de drogas causantes de somnolencia y anestesia, el tatuaje puede ser aplicado en prácticamente cualquier parte del cuerpo.

I.8. ANÁLISIS PROYECTIVO DE LA PERSONALIDAD.

Lombroso decía que el tatuaje, nos sirven a un propósito psicológico, en lo que nos permite discernir los lados más oscuros del alma del criminal, su notable vanidad, su sed de venganza, y su carácter atávico, incluso en su escritura.[40]

El tatuaje no solo puede proyectar la personalidad de quien lo porta, sino también la del propio tatuador. Utilizando la grafología y aplicándola al trazado del tatuaje se pueden desprender características propias del autoproclamado *artista*. Parafraseando a

---

[39] *Cfr.* Payá, Víctor A. "Reflexiones Etnográficas en Torno al Tatuaje en Prisión". México: *Revista Electrónica, Ide@s. CONCYTEG. Núm. 45. Año 4.* (2009). Dirección en internet: https://studylib.es/doc/7685806/reflexiones-etnogr%C3%A1ficas-en-torno-al-tatuaje-en-prisi%C3%B3n1 (Consultado, 23/01/2019).

[40] Lombroso, Cesare, *op. cit., p.* 23.

Martínez Baca se entiende que el arte no existe más que con la condición de expresar la emoción del artista:

> *Las líneas rectas y quebradas con qué forma su dibujo, indican la incoordinación de sus movimientos por la repetición de las conmociones moleculares nerviosas que se transforman en movimientos musculares, en gestos en gritos, etc. Las diversas emociones de que se ve presa en cada instante. La dureza de las líneas expresa la dureza de sus sentimientos, la escasa interpretación que se puede dar a sus imágenes, indica la poca inteligencia, imaginación y sensibilidad que las ha sugerido.*[41]

La grafología posee aplicaciones médicas para el seguimiento y diagnóstico de enfermedades y enfermos, en la que el grafólogo colabora con el médico para el diagnóstico de ciertas anomalías psicosomáticas. Terreno útil para detectar la angustia, depresión, timidez, mitomanía, etc. Bajo la síntesis cuerpo y mente, existen perturbaciones gráficas que se presentan en el grafismo, (tatuaje) antes de que la patología pueda ser diagnosticada o después de padecerla. Hallar un tatuaje muy detallado, puede indicar a un tatuador con características psíquicas importantes, por ejemplo, el caso de un obsesivo, narcisista y otras cuantas debilidades humanas.

- Los que dibujan con excesiva simetría son usualmente obsesivos compulsivos o emocionalmente fríos.
- Los que dibujan con marcada confusión y sin simetría son por su poca coordinación, neuróticos.
- Líneas débiles con refuerzos y manchas, se ven en los histéricos.
- Líneas gruesas como expresión gráfica de un exceso de agresión motora o barrera entre el medio, se ve en alcohólicos esquizofrénicos.

---

[41] *V.* Martínez Baca, pp. 54 y 55.

- Línea vellosa, quebrada o temblorosa, le dan alcohólicos esquizoides.[42]

Además, existe la teoría, de que muchos artistas del tatuaje son homosexuales, latentes o manifiestos, que tienen elegido esta ocupación, ya que los pone casi en constante proximidad al cuerpo masculino, al cual se pueden acercar, tocar, sentir y acariciar sin despertar sospechas.[43]

Lacassagne decía hace años, que el asiento del tatuaje merece consideración. Ya que el número de tatuajes y especialmente la ubicación, tenían una gran importancia desde el punto de vista forense, psicológico y antropológico. Pues en determinada región del cuerpo, se manifestaba el verdadero carácter del dibujo (primitivo o criminal).[44]

Estudios realizados por la universidad de Bretagne Sud de Francia, revelan que las mujeres con tatuajes en la parte baja de la espalda, se encuentran más dispuestas a tener relaciones sexuales con desconocidos, así como una inclinación al lesbianismo. Para llegar a estas conclusiones tan determinante, los autores del estudio solicitaron a un grupo de universitarias que se colocaron un tatuaje temporal en esta región y se paseasen por diversas playas británicas, durante el verano del 2008 y 2009.[45] La investigación descubrió que aquellas mujeres dispuestas a tatuarse esta región anatómica del cuerpo también parecían más dispuestas a mantener y mantuvo relaciones sexuales con un desconocido que conoció aquella misma mañana.

---

[42] *V.* A. Portuondo, Juan. *La Figura Humana: Test Proyectivo de Personalidad de Karen Machover* (Madrid, España: Biblioteca Nueva. 2007). pp. 57, ss.
[43] *Cit. Pos.* Post, S, Richard, *op. cit., p.* 519.
[44] *V.* Lacassagne, *p.* 27.
[45] *S.a.* "El lenguaje de los presos en la piel. Mi tatuaje me condena". *Revista Digital de Divulgación Sobre Criminalística y Ciencias Forenses. Segunda época. Año 3. Número 22.* (2015). p. 55.

Regiones anatómicas tatuadas.

Recientemente la criminóloga costarricense Sonia B. F. Arias, maestra en psicología, nos otorga un estudio desde el punto de vista anatómico del significado psicológico sobre los tatuajes, realizando dicha interpretación dependiendo de la región anatómica corporal donde se encuentre[46]. El tatuaje se interpreta haciendo alusión a las pruebas proyectivas de personalidad, al mero estilo de Karen Machover. Regiones anatómicas tales como la cabeza que representa el verdadero *self* y refleja el intelecto, el cuello donde se manifiesta el autocontrol, los brazos que se relacionan con las relaciones interpersonales, el contacto social o la capacidad para obtener logros y las manos que expresan agresividad, se pueden aplicar a la interpretación del tatuaje mediante la siguiente tabla.

---

[46] *Cfr*. B. F. Arias, Sonia. "El tatuaje y tu personalidad: El tatuaje desde un punto de vista psicológico". *Psicológicamente Hablando* (blog). Dirección en internet: http://www.psicologicamentehablando.com/el-tatuaje-y-tu-personalidad/ (Consultado, 23/01/2019)

45

CUADRO N° 3
REGIONES ANATÓMICAS TATUADAS.

TATUAJES SOBRE EL ESQUELETO AXIAL	TATUAJES SOBRE EL ESQUELETO APENDICULAR
A. Cabeza y Rostro: Tendencia a la rebelión. Actitudes contra la sociedad. Afinidad al pandillerismo y actos delictivos.	H. Brazo y Hombro: La persona manifiesta un interés por sentirse útil. Lucha por nuevas metas.
B. Cuello: Las personas que se tatúan el cuello manifiestan sus insatisfacciones internas. Pues este se presenta como la conexión entre el cuerpo y el alma.	I. Mano: La persona que se tatúa la mano, demuestra un deseo de auto control. (A) *Mano Izquierda*: demuestra anhelo de poder. (B) *Mano Derecha*: demuestra anhelo de justicia.
C. Pecho: El individuo siempre ve la vida con determinación y coraje ante todas las situaciones.	J. Muñeca: La persona se siente incapaz de actuar. Se siente impotente de intentar lo que quiere y se muestra desmotivada.
D. Vientre: Personas dulces y sensibles, con profundo instinto maternal o paternal, sueñan con una familia y saben retener a una pareja.	K. Pierna: Persona de carácter inquieto, con deseos de descubrir nuevas formas de vida y de comunicarse.
E. Espalda: El tatuaje en la espalda es un indicador de una personalidad con miedo de tomar decisiones y responsabilidades.	L. Rodilla: Persona reprimida y necesitada de motivaciones externas. Reconoce sus cualidades, pero se niega a aceptarlas.
F. Glúteos: Personalidad agresiva, que gusta de transgredir lo trascendental, egocéntrica, su objetivo es destacar entre los demás, lábil no tiene miedo a exponerse y no mide las consecuencias.	M. Tobillo: Estas personas tienen deseos de libertad. Indica una forma de protesta en forma silenciosa, contra la cotidianidad de la vida ordinaria que los aprisiona. Personalidad llena de fantasías, sueños de libertad y escapar de la rutina.
G. Genitales: Individuos parafílicos, adictos al sexo, precoces y	

Fuente: propia, adaptada de Sonia B. F. Arias

[47]

---

[47] CUADRO N° 3. REGIONES ANATÓMICAS TATUADAS.

Mediante la interpretación psicoanalítica, podemos complementar los resultados de la criminóloga Arias.

La cabeza y el rostro son la parte del cuerpo que proyectamos a la sociedad, cualquier tatuaje sobre esta zona, muestra nuestros verdaderos sentimientos. El cuello es la unión entre el cuerpo y el alma, cualquier tatuaje sobre esta región se podría interpretar como la proyección entre los anhelos y las metas alcanzadas. El pecho es la región más importante, representa el poder masculino y la sensualidad femenina, sobre el pecho cargamos a los hijos, en el pecho las mujeres amamantan. Según esta psico interpretación el pecho se convierte en el lienzo sobre el cual se presenta el tatuaje más representativo e importante del individuo. Dentro de las subculturas criminales, los tatuajes sobre el pecho, son los más grandes y aquellos que porta el individuo con mayor orgullo. El vientre se interpreta como el sitio donde la mujer forma una vida y donde el hombre muestra al mundo su barriga, la cual indica que posee a un ama de casa. Cualquier tatuaje sobre esta región se remite entre otras cosas a, la pareja o a los hijos. Un tatuaje en la espalda, podría indicar literalmente darles la espalda a las situaciones no deseadas. Los criminales utilizan esta región para tatuarse el símbolo de su pandilla o como en el caso de los presos de origen soviético, cúpulas de iglesia que representan sus condenas. Los tatuajes en los glúteos o nalgas, sugieren una fijación en la etapa anal, que surge de experiencias traumáticas o rasgos patológicos que pueden dar como resultado individuos sucios, desconfiados o tercos.[48]

Los genitales tatuados, donde se desarrollan fenómenos sexuales que Freud denomino como complejos, de Edipo (se da en el niño) y de Electra (se da en la niña).[49]

Los tatuajes en los brazos y hombros, se pueden presentar como proyecciones de fuerza masculina, potencia sexual, poder o agresividad positiva. Las personas que se tatúan las manos, las muñecas o los dedos con representaciones simbólicas parecidas a los

---

[48] *Cfr.* Hikal Wael. *Criminología Psicológica* (México: Porrúa. 2013). p. 76.
[49] *Ibid.*, p. 76.

anillos y las joyas, demuestran sus deseos y anhelos de riqueza y poder, sean estos deseos legítimos en el caso de la mano derecha o ilegítimos en el caso de la mano izquierda. Los tatuajes plasmados en las extremidades inferiores, específicamente sobre las piernas, puede representar el impulso, la movilidad, la vitalidad y la energía física que se proyecta mediante una personalidad muy activa. El tatuaje marcado sobre o alrededor de los tobillos, se asemeja en gran medida a un grillete o cadena anclada a un sitito o sujeto del cual, se sueña o anhela por escapar y ser libre.

También se debe tomar en cuenta para la interpretación del tatuaje, la orientación en la cual se encuentra:

- Lado izquierdo: Persona introvertida, llena de deseos reprimidos y temores. Personalidad pasiva.
- Lado derecho: Persona con ideales más claros y segura de sí misma. Personalidad activa.

Basándonos en la teoría he interpretación antes mostradas, las regiones tatuadas más importantes y en las cuales debe poner mayor atención el investigador, se resumen a 4 puntos determinantes. (1, 2, 6 y 7) cabeza-rostro, cuello, glúteos y genitales. Estas regiones anatómicas tatuadas, se presentan como proyecciones de una personalidad parasocial o antisocial. Representado en la figura siguiente se plasma con signo [-] aquellas zonas tatuadas que dependiendo del tipo de tatuaje pueden ser consideradas proyecciones de una personalidad parasocial o antisocial (al contrario, las marcadas con el signo [+]). En contraposición las regiones (3, 4 y 8) pecho, brazo y hombro o el vientre, son dependiendo de la forma del tatuaje, proyecciones de una personalidad ajustada a la sociedad.

FIGURA N° 1
TEST DE LA FIGURA HUMANA TATUADA DE SONIA B. F. ARIAS

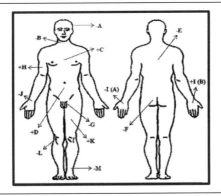

Fuente: propia

En el caso de sujetos del sexo femenino, existen algunas variaciones; como es el caso de los tatuajes localizados desde el ombligo hasta las rodillas, aquellos sobre los senos y la parte baja de la espalda, que deben considerarse como tatuajes de diseño sexual.

Simbólicamente muchas veces el mismo tatuaje, tiene distintas connotaciones dependiendo de la región en la cual se encuentre. En la geografía del cuerpo, jamás encontraremos *vírgenes de Guadalupe,* de la cintura para abajo, representando una especie de respeto y pureza, no hacia la imagen, sino más bien a lo que simboliza[50]. De la misma manera los tatuajes relacionados a al conjugue, los hijos o los padres se encuentran en mayor proporción en la parte superior del cuerpo, no así el caso de los referidos a los amantes, que se acercan peligrosamente más a la parte media. Otro ejemplo es el tatuaje *hecho en México,* sobre la nalga, espalda baja o seno de una mujer, este tiene un elemento juguetón, de sexualidad, de ironía, erógeno, en cambio sí se encuentra el mismo símbolo sobre la región occipital o el pecho de una mujer o de un hombre latino,

---

[50] *V.* Campuzano, Ingrid. *et. All.* . "Entrevista con el D.R Víctor Alejandro Payá Porres: Tatuaje el Estigma que Marca el Alma". *Investigaciontatuajes.wordpress.com* (Blog). Dirección en internet: https: https://investigaciontatuajes.wordpress.com/2011/06/05/entrevista-con-el-d-r-victor-alejandro-paya-porres/ .Consultado, 23/01/2019).

es un claro indicativo de la afinidad a la pandilla de los *sureños*. Así un mismo tatuaje puede tener varios significados o varios elementos a los cuales solo un profundo análisis puede llegar a su verdadera interpretación.

I.9. SUBCULTURA CRIMINAL TATUADA.

El término subcultura se usa para definir a un grupo de personas que se unen en un conjunto, que se caracteriza por el uso distintivo de <u>comportamientos</u> y <u>creencias</u> que difieren con la <u>cultura dominante,</u> de la cual no aceptan que forman parte. Estas se definen por el grado de oposición a los valores de la cultura dominante, siendo la más aceptada las *tribus urbanas* principalmente conformada por jóvenes y las más combativas y radicales, las *criminales*. La subcultura puede formarse a partir de la <u>edad</u>, <u>grupo étnico</u> o marginación de sus miembros. Las cualidades que determinan que una subcultura aparezca pueden ser:

1. Estéticas: tatuajes, vestimenta y look.
2. Políticas: clase social, nivel escolar, discriminativas.
3. Combinación de ellas: sociales, criminales, de etiquetamiento, regionalismos.

Sin embargo, el fenómeno imitativo frecuente en la adolescencia, *adolece* a otras índoles como pueden ser: (1) Para no ser considerados menos populares o (2) para ser aceptados dentro de un determinado grupo social (pandilla). Gracias a la *teoría de la imitación*, se encuentra sentido, al hecho por el cual los adolescentes suelen iniciarse en el mundo del tatuaje, puesto que es, en esta etapa llamada *identidad vs confusión de roles*, cuando el instinto gregario se sobre activa buscando afinidad con un grupo.

El riesgo aquí radica cuando el joven busca afinidad con un determinado grupo de personas que no se apartan de la sociedad y de la cultura dominante, sino que también son contrarias y desprecian todo lo que esta, representa.

En relación al primer postulado que sugiere el surgimiento de una subcultura, (en este caso, una criminal) en un origen estético como un tipo de tatuaje (en este caso artístico o criminal). Un ejemplo de ello podrían ser los tatuajes *samoanos* sobre el rostro y la cara usados como *medio identificador*[51] de las violentas y sectarias pandillas de motociclistas en Nueva Zelanda, cuyos tatuajes tienen origen en las culturas aborígenes del *pacifico sur*. Y cuyo significado se relaciona íntimamente con un rito de guerra y la ferocidad del portador. Así se podría argumentar que este tipo de tatuaje ha favorecido la creación de este tipo de grupos.[52]

---

[51] *Supra.* CAPITULO III. MEDIO IDENTIFICADOR. p.61

[52] Sobre este dato en particular: El caso contrario, podrían ser las sectas religiosas basadas en símbolos como el pescado de los primeros cristianos y la cruz copta de los cristianos egipcios y claramente se separa de la cultura madre (en este caso la iglesia católica romana), formando su propio rito litúrgico.

El número de tatuajes que lleva un hombre está en razón directa del grado de su criminalidad o de su frecuencia en delinquir.

Alexandre Lacassagne.

SEGUNDA PARTE

Nociones Básicas del Tatuaje Criminal

CAPÍTULO II

EL TATUAJE CRIMINAL

II.1. INTRODUCCIÓN.

Lo primero que debe tener en cuenta el investigador es, que en las cárceles los reclusos tienen prohibido tatuarse dentro del centro penitenciario y por ende este acto debe ser tomado como una afrenta en contra del régimen penitenciario.

El criminólogo mexicano Octavio Queznel Rodríguez comenta que los presos fueron uno de los primeros grupos que usaron los tatuajes para diferenciarse del resto de la sociedad, ya sea como señal de rebeldía o como símbolos de pactos entre logias carcelarias. Y es verdad; Durante mucho tiempo encontraron la forma de expresar ideologías, posturas políticas y sociales, alias o apodos, mensajes a los otros presos o incluso anécdotas por medio de los tatuajes, en un lugar donde el pasado es importante, y donde se pierde o se busca una identidad, pues la expresión corporal puede ser la diferencia entre la vida y la muerte.[53]

En muchos casos, los tatuajes carcelarios muestran y afianzan metafóricamente los lazos familiares. En otros, expresan agresividad o confieren mayor jerarquía a quien los porta, dentro del círculo de los presidiarios. Algunas organizaciones criminales, tal es el caso de las mafias rusas y japonesas, utilizan el acto de tatuarse para definir rangos dentro de la pirámide criminal. Algunas pandillas suelen utilizar los tatuajes como medio únicamente de identificación con un grupo determinado. Y el caso de aquellas personalidades parasociales y antisociales quienes utilizan inconscientemente el tatuaje, como la proyección de su personalidad plasmada en símbolos de manera permanente sobre su

---

[53] *Cfr*. Queznel Rodríguez, Octavio. "Parte de la identidad son los tatuajes". Puebla, México: *Perspectiva criminológica* (Blog). Dirección en internet: http://desdepuebla.com/parte-de-la-identidad-son-los-tatuajes/55139/ (Consultado, 23/01/2019).

piel, dan nota de lo útil que resulta conocer e identificar tatuajes dentro y fuera de una institución penitenciaria.

II.2. DEFINICIÓN.

El tatuaje criminal se define como, la máxima proyección de la personalidad plasmada en símbolos sobre el cuerpo humano, que posee una connotación para o antisocial. Y se caracteriza por el hecho de ser monocromático, punteado de verde, solo contorno y simbólico.[54]

Para propósitos de la obra, a partir de aquí en adelante solo se hablará de tatuaje criminal siguiendo la definición antes planteada y no las acepciones que suelen emplearse como aquellas usadas comúnmente desde el siglo XVIII, cuando el criminólogista español recogía en sus textos sobre el lenguaje criminal una serie de acepciones de la palabra tatuaje utilizadas por los presidiarios para denominar este acto: *picarse, marcarse, grabarse, rayarse*. De la misma manera al tatuaje criminal se le puede nombrar como: *canero, talenguero, punzado, tatto gang, tumbero, institucional tatto, artesano, chicano tatto, peripenao* y *asinabao*.[55]

II.3. LA GÉNESIS DEL TATUAJE EN LA CRIMINOLOGÍA.

En este tema se presentarán brevemente los trabajos de los primeros criminologista[56]s cuyos trabajos se relacionaron con el estudio de los tatuajes y su aplicación en la naciente criminología.

---

[54] *Cfr.* Mora, Saúl. *Tatuaje Criminal: Apreciación Criminológica de la Simbología en el Tatuaje. s.l., s. E., s.f.*

[55] *S.a.* "Tatuaje sitúa al Dr. Rafael Salillas entre los antropólogos criminalistas pioneros de esta ciencia en España". *Antropología UNED* (Blog). Dirección en internet: http://antropologiauned.foroactivo.com/t385-criminologia-criminalistica-antropologia (Consultado, 23/01/2019).

[56] El termino criminología se acuño en 1885 pero fue hasta mucho después que los investigadores comenzaron a proclamare como criminologistas y muy posteriormente como criminólogos.

Desde la más celebre clasificación de criminales realizada en 1872 por Lombroso, quien analizo a más de 5,000 presos, asegurando que el criminal nato gustaba de tatuarse obscenidades[57]. Hasta el primer análisis del tatuaje criminal que forma parte de su más grande obra y el capítulo de título el *salvaje orígenes del tatuaje*, cuyo propósito era encontrar una manera sencilla para diferenciar entre locos delincuentes y los delincuentes locos. Concluyendo con grandes principios antropológicos aun actuales, como:

- El tatuaje más importante se reserva para el pecho.
- Los menores suelen tatuarse las manos.
- La presencia de un tatuaje es reputación de un mal soldado.
- La cruz sobre el pecho es el indicador de un criminal contra el patrimonio.
- Los prisioneros suelen tatuarse la espalda y los genitales.

El crítico más férreo de Lombroso, su ex alumno Alexandre Lacassagne[58] que hace más de 120 años realizo una obra minuciosa y extendida sobre los tatuajes de criminales y prostitutas, *les tatouages, étude anthropologique et médico-légale*. Entrevistando a cientos de criminales, prisioneros, soldados, marineros y prostitutas todos ellos tatuados, recopilando sus biografías, factores impelentes, consecuencias, los métodos para eliminar sus tatuajes y hasta su aplicación en el uso de la medicina de guerra, dibujándolos sobre el cuerpo a manera de guía para encontrar las arterias y nervios. Determinando que los tatuajes se pueden dar a cualquier edad, aunque la gran mayoría no sobrepase los 20 años; no siendo exclusivos de las clases bajas, pero sí de las menos instruidas y finalmente la característica del tatuaje femenino, que ínsita al erotismo puesto que la prostituta se orienta por tatuarse entre el ombligo y el pubis, un lunar sobre la mejilla o un ligero sobre la pierna[59]. Regiones anatómicas eminentemente erógenas.

---

[57] Hikal, Wael. *Introducción al estudio de la criminología* (México: Porrúa. 2013). p. 90.

[58] *V.* Rodríguez, Manzanera, Luis. *Criminología* (México: Porrúa. 1986). pp. 106, 223, 224, 324, 325 y 326.

[59] *Infra.* I.6. EL TATUAJE Y LOS TRASTORNOS DE PERSONALIDAD, PRINCIPALES ESTUDIOS. p.10

El criminólogo *lombrosiano* español Rafael Salillas[60] llevo a cabo diversos estudios en relación al tatuaje, dentro de sus obras *el tatuaje* y *el corazón en el tatuaje*. En el año de 1910 realizo un estudio de criminales tatuados dentro de las cárceles españolas en relación con las áreas más pobres y violentas de Barcelona, determinando las siguientes conclusiones:

1. Regiones anatómicas predilectas para tatuarse siendo un criminal son:
   - Primer lugar; los brazos.
   - Segundo lugar; el pecho.
2. Delincuentes contra la salud y la integridad de las personas se inclinan por motivos religiosos. (Como los diabólicos).
3. Delincuentes contra el patrimonio se inclinan por tatuajes emotivos. (Como el rostro de la madre).

México no se quedó atrás en estos estudios, pues en el año de 1899 el médico militar positivista, creador del departamento de antropología criminal de la penitenciaría estatal del estado Puebla, Francisco Martínez Baca[61] realiza una increíble y apenas hoy comparable, investigación sobre presos tatuados, realizando el primer estudio sintético criminológico, psicológico, médico y legal. Analizando 2 poblaciones: delincuentes y militares. Mediante la realización de cientos de entrevistas, concluyo que no existía relación entre el símbolo tatuado y el oficio del sujeto o el delito cometido. Pero determinando al igual que Lombroso, que el carácter atávico del criminal lo orilla a repetir conductas de nuestros antepasados, como lo es el hecho de marcar su cuerpo.[62]

II.4. EL TATUAJE Y LA CÁRCEL.

---

[60] *V.* Hikal, Wael. *op. cit.*, *pp.* 32, 33 y 34.

[61] *Ibid.*, pp. 282 y 283.

Cfr. De León Palomo, Omar Alejandro. "Los Precursores Más Representativos de la Criminología de México". Reynosa, Tamaulipas, México: *Criminociencia* (Blog). Dirección en internet: http://criminociencia.com/los-precursores-mas-representativos-de-la-criminologia-de-mexico/ (Consultado, 23/01/2019).

[62] *V.* Martínez Baca. *Los tatuages… Passim.*

La casa de sufrimiento y contaminación a la cual llamamos *cárcel,* es el lugar en el cual el criminal graba con tinta las diversas emociones de que se ve presa, pues que mejor lugar para propiciar he inspirar sentimientos tales como la venganza, los recuerdos placenteros, los anhelos, los placeres y del mismo modo las frustraciones y resentimientos o las plegarias a oscuras deidades. Que mejor lugar donde expía sus penas.

Diversas investigaciones recientes han demostrado que en las cárceles muchos presos se tatúan (1) porque los demás lo hacen (El tatuaje por imitación es frecuente en las cárceles), (2) por no ser considerados menos peligrosos pues mientras más tatuado está uno preso, significa que está más acostumbrado al crimen o porque es su costumbre. Un hecho notable es el fenómeno imitativo[63] y casi virulento que acontece al acto de tatuarse entre los presos, es más influyente de lo que aparenta, pues excita un sentimiento acallado hasta entonces y reviste a que el preso solicite a otro o que el mismo pinte sobre su piel[64]. Este móvil según Martínez Baca radica en 2 causas:

1. Excitación fundada en razones de orden intelectual. (poca inteligencia).
2. Excitación fundada en razones de orden sensitivo. (instinto gregario).

Gracias a esta teoría, podemos darle sentido al hecho por el cual los adolescentes suelen iniciarse en el mundo del tatuaje, puesto que es, en esta etapa llamada *identidad vs confusión de roles*[65], cuando el instinto gregario se sobre activa buscando afinidad con un grupo. En relación a las edades (adolescencia) en las entre las que oscilan los presos al tatuarse se remiten a su innata precocidad. Cien años a tras Lombroso y Lacassagne encontraron marcas tatuadas

---

[63] Hikal. *op. cit.,* p. 66.
[64] *Cfr.* Martínez Baca, *op. cit.,* p. 91.
[65] *Ídem.* Hikal. pp. 101 - 103.

en niños de entre los 7 y los 9 años de edad[66]. Incluso el caso de un niño de 5 años que fue tatuado por su padre[67]. Recientemente en el año 2013, un video subido al sitio de videos *youtube*, muestra a un niño de entre 3 y 5 años siendo tatuado mientras su madre lo sujeta y su padre le da ánimos. En las imágenes, el pequeño llora, desesperado mientras sus padres lo sostienen. El video desato una ola de críticas que cuestionaban el estado mental de la mujer, del padre y también del tatuador.[68]

Los 2 criminologistas, exponían que el 80% de los presos tatuados se realizaron su primer tatuaje antes de los 20 años. Y frente la cuestión antes plateada, los presos entrevistados por ambos solían contestar haber sido tatuados en su casa a la edad de 10 o 12 años. Hoy en día es común y dentro del mundo de las pandillas niños menores de 15 años ya se plasman el símbolo de la *vida loca* (los 3 puntos) tatuado sobre la región de las manos, entre el dedo pulgar y el dedo índice. [69]

Tras las Rejas

En 1958 los doctores de institucionales penales William Haines y Arthur v. Huffman realizaron un estudio sobre los internos de una prisión de Illinois, obteniendo siguientes conclusiones. [70]

---

[66] *Ídem.* Baca p.98.

[67] *V.* Lacassagne, *op. cit.*, *p.* 71.

[68] *V. S.a.* "En un video, se ve cómo el niño llora desesperadamente mientras sus padres lo someten". Mérida, Yucatán, México: SIPSE.com. (2013). Dirección en internet: https://sipse.com/mundo/tatuan-a-su-hjo-de-tres-anos-12786.html (Consultado, 23/01/2019). y *S.a.* Uaceb. "Niño de 3 años obligado a tatuarse". *YouTube* (Blog). Publicado el 29 ene. 2013 (Archivo de video). Dirección en internet   del   video: https://www.youtube.com/watch?v=IVur8DHjg9g (Consultado, 23/01/2019).

[69] Recordemos que es en esta etapa de la vida en la cual el tatuaje funge para algunos jóvenes como un indicador de pertenencia a un grupo. *Infra.* p.11.

[70] Post, S, Richard, *op. cit.*, p. 521.

- El delincuente adulto, no sigue medios socialmente aprobados para expresar sus ideas. Sus intentos de materializarse son en la forma de patrones de comportamiento y mediante las marcas corporales para que todos lo vean.

En este sentido, el tatuaje puede convertirse en una forma de no comunicación verbal. Siguiendo el sentido de que la persona tatuada es verbalmente incapaz, el tatuaje y lo que el hombre coloque sobre su piel reflejara sus hábitos de pensamiento, sus prejuicios, sus afectos, sus ambivalencias, miedos y hostilidades, manteniendo silencio sobre su ser interior.

El reflejo de su ser interior

Richard S. Post catedrático de la facultad de derecho y criminología de la universidad de Northwestern realizó en 1959 un estudio que incluyó las evaluaciones de 482 (227 hombres de raza blanca, y 255 afrodescendientes) hombres de la armada de EE. UU. con antecedentes penales[71]. Dividiendo su muestra en 2 tipos:

1. Delincuentes de tipo primitivo. (Asesinos y ladrones violentos). 297 individuos identificados,
2. Delincuentes de tipo no primitivo (Homicidas y defraudadores). 185 individuos identificados.

En una subclasificación, volvió a dividir la muestra esta vez tomando como característica bifurcante, los tatuajes de los delincuentes y así encontró los siguientes porcentajes.[72]

- 93 delincuentes primitivos, están tatuados. 86 delincuentes de tipo no primitivos, se encuentran tatuados.
- 50% de los delincuentes blancos presos por delitos de tipo primitivo, están tatuados. 20% de los afrodescendientes de tipo primitivo, están tatuados.

---

[71] *Ib.*

[72] *Ibid.*, pp. 521 y 522.

- 38% de los ladrones de raza blanca, se encuentran tatuados. 47% de los afrodescendientes detenidos por delitos patrimoniales, se encuentran tatuados.

Con estos resultados Post demostró que los condenados por delitos graves tienen una tendencia a tener más tatuajes que aquellos con cargos menores, y los acusados por delitos contra las personas, usan más tatuajes que los acusados de delitos contra la propiedad. Además, determino que la frecuencia de estos individuos a tatuarse aumenta en períodos de crisis, movimientos a gran escala, o las festividades decembrinas.

La mujer criminal tatuada

Todo criminólogo, sociólogo, antropólogo y demás investigadores de las ciencias sociales, se encuentra enterado de la proporción que existe entre el sexo femenino y la criminalidad. Ya Alfonso Quetelet antes de 1835 declaraba que las mujeres delinquían en una proporción de 6 a una[73]. Siglos después las cifras más actuales se acercan al cinco a una. De acuerdo con el más reciente estudio mundial sobre el homicidio de la oficina de las Naciones Unidas Contra la Droga y el Delito (UNODC), publicado en el año 2014, cerca del 95% de los homicidas a nivel global son hombres. De la misma manera el informe publicado, en marzo del mismo año por el Consejo Económico y Social de las Naciones Unidas, añade que el 90% de quienes cometen homicidio en el mundo son hombres.[74]

No es de extrañar que Lombroso asegurara después de su estudio de la mujer delincuente, que el tatuaje se encuentra en la mujer, en una menor proporción de mil a dos, en mujeres normales y que esta cantidad se triplica en prostitutas[75]. En el mismo estudio

[73] *Cfr.* Marchiori, Hilda. *Op. Cit.* pp. 47 - 49.
[74] *V.* Rodríguez, Margarita. "Cerca de 95% de los homicidas en todo el mundo son hombres... ¿Por qué las mujeres matan menos?". BBC. 20 de octubre (2016). Dirección en internet: http://www.bbc.com/mundo/noticias-37433790 (Consultado, 23/01/2019).
[75] Martínez Baca, *op. cit., pp.*156-158.

determinó al igual que Marchiori[76] y Orellana Wiarco[77] que la prostituta es viciosa, violenta, mentirosa, promiscua, de poco raciocinio y oriunda de un extracto social económicamente bajo. De esta manera es lógico que prácticamente todas las prostitutas muestren por lo menos un tatuaje sobre su cuerpo.

Las mujeres en prisión, en su mayoría se caracterizan por biografías llenas de capítulos de dolor. En el caso de la mujer encarcelada, carga un estigma mayor que el del hombre. Por parte de la sociedad y la familia, mucho más si es madre de niños pequeños y los tiene junto a ella dentro del penal, pues su contexto social, dejara huellas en la misma carne. No es motivo de etiqueta el hecho que el sexo femenino tienda a dejarse llevar por las emociones y sentimientos más que el masculino. En algunos casos, deciden tatuarse símbolos o dibujos para marcar una especie de punto final a algún episodio traumático, pues las vidas de estas mujeres multitatuadas repiten, generacionalmente ciclos de violencia, adicciones y abusos. Con vidas que oscilan y se caracterizan por: familias rotas (Broken homes), la falta del padre, los llamados *barrios bajos*, el complejo de Electra, la sexualidad precoz, el constante cambio de pareja y la prisión.[78]

De la investigación sobre tatuajes, dentro de las prisiones de mujeres fundamentalmente en la Ciudad de México, el sociólogo mexicano Víctor Alejandro Payá Porres[79], mediante un contacto directo con los presos pudo plasmar en su libro *mujeres en prisión: un estudio socioantropológico de historias de vida y tatuaje*, publicado

---

[76] Orellana Wiarco, Octavio A. *Manual de criminología*. (México: Porrúa. 2012). pp. 164.

[77] *Ídem*, pp. 283 y 289.

[78] Cruz, Antonio. "Mujeres tatuadas para frenar el caos". México: *Revista EMEEQUIS* (2014). Dirección en internet: http://www.m-x.com.mx/2014-05-04/mujeres-tatuadas-para-frenar-el-caos/ (Consultado, 23/01/2019).

[79] *V.* Payá Porres, Víctor Alejandro (coord.). *Mujeres en Prisión: Un estudio socioantropologico de historias de vida y de tatuaje* (México: Juan Pablos Editor. 2013.). *Passim*

en el 2008, los diferentes temas que permean la vida carcelaria de una fémina.[80]

Payá y sus colaboradores, determinaron que el tatuaje es un excelente analizador que abre posibilidades para la reflexión teórica y que, por lo general, facilita la conversación, ya que cada tatuaje encumbre un momento de la vida, revive la memoria y facilita las asociaciones, pues la imagen posibilita el acceso al discurso del sujeto.

Para analizar el tatuaje Payá y su equipo determinaron 2 tipos de métodos para llegar a la verdad de cuestión:

1. *Análisis diacrónico.* Estudio de un fenómeno social a lo largo de diversas fases de su desarrollo histórico y la sucesión cronológica de los hechos relevantes.
2. *Análisis sincrónico.* Estudio de un fenómeno y la coexistencia o combinación de sucesos, en un mismo periodo temporal, es decir de los hechos se desarrollan simultáneamente o de manera concordante.

(1) El *análisis diacrónico* (con historia) posibilita la reconstrucción de la historia de vida del sujeto: las relaciones emocionales con la familia, el paso por el barrio y las bandas, intercambio con el familiar muerto, con la pareja perdida, con la vida loca, el sacrificio por la pareja, el abandono de los hijos y los deseos de libertad.

Para explicar el análisis diacrónico, el investigador debe apoyarse en la psiquiatría y en el psicoanálisis de las heridas simbólicas, marcas significantes que permiten ser el lazo social, la bandera, el emblema y el símbolo, que concentra de alguna manera la identidad. Gracias a esta orientación se puede entender el deseo y demás sentimientos que se traducen en emociones y afectos que alimentan a las creencias, las tradiciones, las leyendas, los mitos, el respeto y el temor o la estética, la función, la utilidad y las asociaciones que tienen fundamento y origen más que simbólico *espiritual.*

---

[80] Payá Porres, Víctor, *Reflexiones Etnográfica... passim*

Testimonio del expediente 38. Interna del CERESO de Santa Marta Acatitla recuperado por el investigador Payá Porres.

El tercer tatuaje que me realicé fue un trébol de la suerte. Ese es el que me ha dolido más. En ese tiempo ya robaba y abandoné a mi familia y a mis hijas. Mi papá siempre me ha apapachado muchísimo, creo que ese ha sido su error. Un día, mi papá se enojó conmigo porque se dio cuenta de que traía dinero y que metía cosas robadas a la casa. Me dijo: ojalá que cuando andes de ratera te agarren. Esas palabras me pusieron muy mal, pues pensé: Ya me echó la sal. Le comenté a un amigo que fue por mí en la tarde, y me recomendó que buscáramos un trébol de cuatro hojas. –No manches nos va a dar el amanecer y no lo vamos a encontrar, mejor tatúamelo –le respondí. Así que cada que me iba a robar le pegaba. Esa fue la idea, para la buena suerte.[81]

Otro ejemplo, es el de las mujeres encerradas que sufren la infidelidad y el engaño de la pareja, cuyo nombre o rostro presentan tatuado, se molestan y tasajean el tatuaje, de forma tal que aprecian el tatuaje como algo que posee vida propia, pues incorpora su *yo* en la piel. De esta manera la prisión las detiene para arremeter contra la persona física, dirigiendo su venganza hacia el tatuaje que simboliza a la pareja. Hace años Martínez Baca, encontró tatuajes de nombres y rostros sucesivamente borrados una y otra vez sobre los cuerpos de tantas prostitutas como encontró, relacionando estos tatuajes con amantes pasados.[82]

Los casos en donde se decide encimar un tatuaje sobre otro o se trata de borrarlo abriendo la piel, cuando se bendicen, se presumen y se exhiben, adquieren así una presencia extracorpórea.

(2) El *análisis sincrónico* (ejercicio analítico) compara similitudes y diferencias, permite la clasificación de los tatuajes por tema relevante (duelo por la pérdida de un ser querido, creencias identidad grupal, etcétera). Por ejemplo, en los penales de mujeres, encontraron que el primer tatuaje se coloca en la adolescencia como una marca de autonomía, de independencia y muchas veces de rebeldía ante la situación que se vive en la familia o en lo que queda

---

[81] Cruz, Antonio. *op. cit.*, p. 29.
[82] Martínez Baca, *op. cit.*, pp. 156 y157.

de ella. Coincide, con la ruptura del grupo familiar y el consecuente paso a las bandas juveniles. Otro ejemplo que ilustra las posibilidades de análisis sincrónico, es el caso de la mayoría de las madres tatuadas, que incluyen los nombres de sus hijos y parejas sentimentales (ornamentados con flores, lágrimas, corazones o grecas), con el fin de afirmar los lazos de amor, perdidos por el encierro.

Al igual que otros investigadores en la materia, Payá sintetizo las conclusiones de su estudio mediante una tabla, que funge como una guía y crea un test, que permite reconstruir la historia (diacrónica y sincrónica) de vida del sujeto por medio de los tatuajes. En la tabla están soterradas las fantasías y los deseos, los rastros de las pérdidas emocionales, los sentidos de pertenencia e identidad, así como las creencias.

CUADRO N° 4
REGISTRO CRIMINOLÓGICO DE TATUAJES

TATUAJE	DESCRIPCIÓN DE LA FIGURA	LUGAR DEL CUERPO	TÉCNICA UTILIZADA	FECHA O EDAD EN QUE FUE REALIZADO	LUGAR EN EL QUE FUE REALIZADO	RECUERDOS Y ASOCIACIONES CON RESPECTO AL TATUAJE	OBSERVACIONES
1	Divino rostro con un sol. Abajo la leyenda escrita: En memoria de mi querido padre JOSÉ...	Espalda.	Máquina y agujas elaboradas con cuerda de guitarra.	A la edad de 15 años.	En la prisión, en los dormitorios.	Elaborado con un grupo de amigas bajo el influjo del alcohol. El dibujo se propuso a la tatuadora quien sugirió añadir detalles...	La entrevistada vivía únicamente con el padre y su hermano ya que su mamá los abandonó. el padre era muy devoto... etcétera.
2	Santísima muerte, cubierta por un manto. Porta una guadaña en las manos.	Parte lateral de la pierna derecha.	Máquina y agujas.	A la edad de 20 años.	En el barrio, con los amigos.	Como pago por cometer un delito, ser aprehendido y no entrar a la prisión.	Considera a la santísima muerte un ser vivo, se refiere a la imagen como si estuviera presente con apelativos tales como: Mi niña blanca, etc.

Fuente: propia, adaptada de Faya Porres

83

---

[83] CUADRO N° 4. REGISTRO CRIMINOLÓGICO DE TATUAJES

Para finalizar Payá un sociólogo con claros tintes de criminólogo, realiza una crítica criminológica a la clínica y nos comenta que:

> *Afirmar que mientras más tatuajes porte un individuo, es más peligroso (en una relación directa de causa y efecto), excluye otras maneras de estudiar al tatuaje y, por ende, al sujeto. Sabemos que, cuando un prisionero tiene tatuajes o decide hacerse alguno en la cárcel, este hecho se considera parte de un comportamiento desviado o parasocial; asimismo, conceptos como el de autoagresión o el de masoquismo sirven para fundamentar el diagnóstico criminológico que, de esta manera, adquiere tintes de cientificidad. El que los sujetos más irreverentes porten gran cantidad de tatuajes, desde el punto de vista teórico, no significa mucho ya que queda por explicar precisamente porque se establece esta relación.* [84]

II.5. LAS CATEGORÍAS, LOS MOTIVOS Y LAS CARACTERÍSTICAS DEL TATUAJE.

La relación entre los tatuajes y ciertos (A) *diseños* particulares, las (B) *regiones* anatómicas marcadas y un comportamiento criminal, son algunos de los subtemas que se analizaran a continuación. De acuerdo con el *análisis diacrónico* propuesto por Payá podríamos acercamos a la verdad en cuestión a través de su test, pero en el *análisis sincrónico* se necesita de un método diferente más analítico.

(A) Indudable la necesidad de crear una clasificación criminológica para los diversos *diseños de tatuajes*. Tratar de relacionarlos con un tipo de conducta específica, puede presentar una ardua tarea de observación científica. Nada que no se haya realizado ya con anterioridad[85]. Pero los tiempos cambian y las conclusiones se actualizan es por ende que las clasificaciones

---

[84] *Ídem*, p. 533.

[85] Sobre este tema en particular: Si bien Lombroso tiene el crédito de realizar la primera clasificación de criminales, el mérito de la primera clasificación de tatuajes le pertenece a Lacassagne.

propuestas por Lacassagne. Y Martínez Baca han quedado fuera de contexto.

En fechas recientes, la revista Expresión Forense publica un artículo sobre la investigación de los médicos argentinos Juan Ramon Acosta, Mariano Accardo, Ricardo Álvarez y Oscar Giovanelli investigadores del ministerio de salud argentino, quienes trabajaron durante dos años con los presos de la penitenciaria de Rawson en el estado de Chubut, donde realizaron una exhaustiva clasificación de los *tatuajes tumberos* como llaman los argentinos a los tatuajes carcelarios, determinando las distintas categorías y características de quienes los exhibían[86]. La clasificación de 6 puntos que proponen es la siguiente:

1. **Místicos:** Imágenes de santos y vírgenes, cruces, herraduras de buena suerte, manos en posición de rezo o figuras de Cristo y el diablo. Generalmente, este tipo de tatuajes es muy común en los presos acusados por violación. En un 90% de los casos, esta clase de presidiarios se vuelcan al estudio de los evangelios y adoptan posturas pacifistas.
2. **Pacíficos:** Se representan con dibujos de palomas, flores, estrellas o palmeras. Naturaleza en general, incluso alguna hoja de marihuana.
3. **Identidad:** Para reafirmar su identidad, muchos presos eligen tatuarse su nombre entero, sus iniciales o algunos emblemas. Eventos específicos en la vida, con o sin fechas.
4. **Afectivos:** Relacionados con imágenes tales como, corazones. Los presos imprimen sobre su pecho, el nombre, labios o rostro el de la mujer amada, hijos, madre o abuelo, como signo de consolidación al vínculo. Símbolos como, una media luna o las huellas de los hijos.
5. **Agresivos:** Representados con dibujos de aves de rapiña, serpientes, espadas, animales feroces, dragones, calaveras y puñales. Mediante estas figuras, los presos intentan poner en evidencia su rudeza, muchas veces con el fin de obtener un escalafón superior dentro del rango otorgado por los internos. Por ejemplo, los tatuajes de seres con fauces abiertas llamados *devoradores de almas* que portan gran parte

---

[86] S.a. *El lenguaje de los presos en la piel. Mi tatuaje me condena...*

de los prisioneros, refieren una agresividad oral. La validación de los testimonios, observaciones y registros de información proveniente de otros presos, afirman que el ser tatuado, efectivamente representa la fuerza de su cuerpo, que se asemeja a la naturaleza de su temperamento, en un destello de identificación totémica. Así la imposibilidad del reo por sublimar la violencia acumulada desde la infancia, apuesta por otorgarle un sentido a la historia personal, a través de imágenes trazadas en el cuerpo.[87]

6. **Sexuales:** se dividen en 2 tipos.

- Heterosexuales: Los dibujos de mujeres con grandes curvas y poca ropa son comunes, pues estos tratan inconscientemente de reafirmar la virilidad del portador. Estos suelen remarcar las áreas intimas de la mujer representando la necesidad de una relación sexual. Como ejemplo, Sergio García Ramírez recupera en su libro *Manual de Prisiones*, el perfil clínico, criminológico con base en los tatuajes que presenta el *CASO A*.

Recluso de 35 años de edad, de procedencia urbana, reincidente sentenciado por doble homicidio y procesado por violencia y robo. Cumple pena de 30 años de prisión. Se ha evadido varias veces de diferentes reclusorios. Dice haberse tatuado inicialmente en libertad a los 22 años por gusto. Es capaz de manejar aspectos abstractos superficiales, sin descuidar los concretos. La influencia del medio ha determinado su conducta sociopática. Carece de interés en superación personal. Fuerte conflicto con la autoridad. Carece de sentido de equipo. Número y descripción de los tatuajes que presenta: [...] 85. a) Una mujer desnuda, con zapatos, en actitud de caminar con una serpiente enroscada en todo el cuerpo [...] d) Una mujer sentada, completamente desnuda, posando de perfil [...] e) El perfil de una mujer [...] k) Una mujer de pie, de frente, completamente desnuda [...] l) Una mujer colgando del abdomen de un burro y completamente en contacto genital

---

[87] Payá Porres, Víctor, *Reflexiones Etnográficas...* pp. 529 y 534.

[...]m) Una mujer recostada, con pantaleta, en el pecho una toalla , con las piernas semiflexionadas [...].[88]

- Homosexuales: En contraposición a los tatuajes con motivos sexuales de los heterosexuales, los homosexuales son menos expresivos y suelen tatuarse la figura de una mariposa o algunas flores.

Se abre un paréntesis.

Aunque la anterior clasificación de tatuajes, se presenta como la más completa y actual, es necesario agregar un conjunto más de diseños, omitidos por los psiquiatras. Tales diseños, son aquellos que poseen la mayor carga de simbolismo. Es decir, los diseños utilizados por las *pandillas*. Agrupaciones criminales que suelen identificarse entre ellas por medio de la vestimenta, usando colores específicos, señas con las manos (placazos), códigos numéricos y otras formas de *comunicación no verbal* como: el *graffiti* y el uso de tatuajes simbólicos (rayados, caneros o tumberos) formando así una *neotribalización*.

7. **Pandilleros:** Relacionados con una diversidad infinita de símbolos, generalmente alusivos al *nicho de origen*. Ello quiere decir al territorio de influencia. Algunos ejemplos de ello pueden ser: la representación plasmada de una cultura étnica, algún monumento, *área code*, héroe histórico local, suceso, emblema, etc. representativo del lugar. En general pueden dividirse en 3 subtipos a saber: (1) los que denotan jerarquía; (2) los que indican la procedencia y (3) los que plasman la personalidad del sujeto.

Se cierra el paréntesis.

Las cifras son abrumadoras, puesto que, de la muestra de 200 internos, de la penitenciaria de Rawson, 115 estaban

---

[88] *Cfr.* García Ramírez, Sergio. *Manual de prisiones* (México: Porrúa. 2004.) pp. 435 y 436.

tatuados[89]. Se dice que más de la mitad de los presos, han adquirido sus tatuajes mientras cumplían una pena privativa de la libertad[90]. En el sistema penal mundial, podemos apreciar que a medida que aumenta la condena o los términos de encarcelamiento se vuelven más duros, los tatuajes se multiplican. Como ejemplo, en las prisiones rusas de seguridad mínima, del 65 al 75% de los reclusos lucen tatuajes, mientras que esa cifra aumenta al 80% en prisiones de seguridad media y alcanza el 95% en las de máxima seguridad.[91]

La motivación

La variabilidad de las conductas inherentes a la personalidad criminal, como puede ser el acto de tatuarse, se remonta a una multicausalidad de factores, dentro de los cuales repunta la estancia dentro de una prisión. Destacando la tesis realizada en el año 2011, en un Centro Penitenciario del Estado de Guanajuato, México las psicólogas Raquel Ribero Toral y Noehemi Orinthya Mendoza Rojas, quienes tuvieron la oportunidad de conversar los internos acerca de sus cuerpos tatuados en prisión de sus emociones, motivos, simbología y su relación con los mismos.[92] Determinado 2 puntos interesantes:

1. Gusto por hablar de sus tatuajes.
2. Los propios tatuajes hablan de ellos.

Con el objetivo de descubrir los motivos por los cuales el preso, en medio de la rutina, el anonimato y la privación de una buena conversación, recurre a tatuarse el cuerpo como: (1) Recordatorio de su vida pasada. (2) Protesta contra el régimen y la readaptación. Las prácticas de drogarse y tatuarse, constituyen un modo de romper las reglas del sistema, ya que se encuentran

---

[89] *Supra.* III.3. EJEMPLOS, p. 73.

[90] García Ramírez, *op. cit.*, p. 429.

[91] *V.* Mączewski, Paweł. "El lenguaje secreto de los tatuajes en las prisiones rusas". *Vice* (Blog) 16 Octubre (2016). Dirección en internet: http://www.vice.com/es_mx/read/russian-criminal-tattoo-fuel-damon-murray-interview-876 (Consultado, 23/01/2019).

[92] Ribero Toral Raquel, Mendoza Rojas Noehemi Orinthya. "El cuerpo preso tatuado: un espacio discursivo". México: *Andamios VOL.10 No.23* (2013).

prohibidas. (3) Distinguir su cuerpo de otro. Uno de los motivos del inconsciente para tatuarse, es el anclaje de la identidad; acto que se consigue mediante la expresión de un símbolo en el cuerpo, que le permite al sujeto singularizarse. (4) Experimentar sensaciones corporales. En este caso el *dolor* es la manera en la cual el *yo* busca recuperar en el inconsciente el equilibrio y contacto entre el cuerpo y la mente. (5) Salir de la rutina de la prisión. Empleando el propio cuerpo como un espacio *discursivo* donde recrea significaciones para darse sentido a sí mismo, a la situación que está viviendo y para dejar huella de su historia.

1. Recordatorio de su vida pasada.
2. Protesta contra el régimen y la readaptación.
3. Distinguir su cuerpo de otro.
4. Experimentar sensaciones corporales.
5. Salir de la rutina de la prisión.

- **Recordatorio de vida:** El primer criminólogo mexicano Francisco Martínez Baca, asegura en su obra que pocos presos suelen admitir, que la figura de una mujer tatuada representa a su pareja, pero muestran con anhelo y tristeza los nombres tatuados de sus hijos.
- **protesta contra el régimen y la readaptación:** Discurso de preso, de 46 años, sentenciado a 5 años por posesión de marihuana, entrevistado por las investigadoras:

[…] cuando me tatué mi cara no me dolió, yo quería expresar que el sistema no sirve, que la readaptación no existe, […] si me tatuaba la cara entonces sí me iban a ver todos […] me quería desquitar del gobierno […] a veces pensaba: me voy a rayar todo el cuerpo, para darle en la madre al sistema, voy a picar a alguien, a un custodio, para que vean que la readaptación no existe, voy a matar a uno para quedarme ya aquí.[93]

---

[93] Mendoza Rojas, Noehemi Orinthya. "El cuerpo del sujeto en reclusión penitenciaria: un espacio discursivo y de configuración de pensamiento social" (Querétaro, México: Tesis de Maestría. Universidad Autónoma De Querétaro, Facultad de Psicología, Maestría en Psicología Social. 2013). pp. 59 y 60.

Otro ejemplo son las prácticas de drogarse y tatuarse, que constituyen un modo de romper las reglas del sistema carcelario, ya que están prohibidas.

- **Distinguir su cuerpo de otro:** El anclaje de identidad se consigue mediante la expresión de un símbolo en el cuerpo, que le permite al sujeto singularizarse. Ese es uno de los motivos del inconsciente para tatuarse. Discurso de uno de los entrevistados; tatuador, de 24 años, sentenciado a 4 años de prisión por el delito de robo:

  […] Uno se hace un tatuaje para lucirlo, pero pierde uno muchas cosas […] tu familia ya no te apoya y la gente por la calle te mira con temor, se cambian de banqueta […] una vez vino un niño de la visita y le iba a dar una paleta y me vio y se fue llorando, yo creo le dio como miedo y es que el tatuaje es una expresión violenta, es como decir: soy malo y qué. [94]

Resulta interesante que siendo la intención del sujeto tatuarse para verse malo ante los más malos que él, no consideró que los más buenos que él (como un niño) podrían intimidarse al verlo. [95]

- **Experimentar sensaciones corporales:** Apropiarse de sus sensaciones corporales, aunque sean de dolor es la manera en la cual el *yo* busca recuperar en el inconsciente el equilibrio y contacto entre el cuerpo y la mente. De esta manera el acto de tatuarse se convierte en parte del *efecto carcelazo*[96]. Ejemplificado en el siguiente poema escrito por uno de los presos entrevistado por las investigadoras:

  Cuando me vaya de este lugar inmundo
  Podré gritar a los 4 vientos,
  Podré brincar cuan alto soy
  Podré hacer palabras mis pensamientos

---

[94] *Ibid.*, p. 60.

[95] *Ib.*

[96] *V.* Campuzano, Ingrid. *et. All.. Entrevista con el D.R Víctor Alejandro Payá Porres…*

Podré reírme a carcajadas,
Podré llorar de alegría.
Podré darme de cachetadas
Podré dormirme todo el día,
Ahora seré un hombre al que llamaran por su nombre
Y no seré un número más
En la lista de los demás. [97]

Aunque estas palabras resuenen como llamadas de alerta ante los abolicionistas, el investigador debe recordar que, en su gran mayoría, los individuos sentenciados a una pena privativa de la libertad, padecen un trastorno de *personalidad antisocial* que, entre otras cosas, provoca un patrón de inestabilidad extrema en sus relaciones sociales, identificado mediante la constante violación de los derechos de los demás, esto los hace peligrosos para ellos mismo y para los otros[98]. Es por tanto necesario, que dentro de un CERESO se aplique un régimen penitenciario progresista y humano, una clasificación criminológica, un orden cronológico y un tratamiento integral, que si es preciso debe ser aplicado de manera obligatoria. El sistema penitenciario mexicano (civil), ha fracaso si a cifras nos remitimos, un régimen penitenciario militar[99] se proyecta como la solución al tercer nivel de prevención (aquella que se dirige a los ya penados y que tiene como objetivo específico evitar la reincidencia), como lo demuestras los últimos análisis en la materia.

- **Rutina:** Lacassagne, decía que el ocio explicaba la presencia de los tatuajes en sentenciados[100]. Dos siglos después las psicólogas determinan que el acto de tatuarse, es resultado del estrés generado por la rutina diaria a la cual se ve sometido el preso y que se convierte en una especie de castigo. Así tatuarse es el modo de romper la rutina, puesto

---

[97] *Cfr.* Mendoza Rojas, Noehemi Orinthya. *op. cit.*, p. 63.

[98] Hikal, Wael. *op. cit.*, p. 101 - 103.

[99] *V.* S.a. *El Diagnóstico Nacional de Supervisión Penitenciaria (DNSP) 2015: CERESOS, CEFERESOS y Prisiones Militares. Ciudad de México* (México: Marzo Comisión Nacional de los Derechos Humanos (CNDH) (2016). Edición en PDF.

[100] Lacassagne. *op. cit.*, p. 71.

que en la cárcel no hay mucho que hacer, una opción es tatuarse, aunque esté prohibido, aunque la tinta usada sea de la peor calidad, aunque la máquina parezca más de tortura que de creación artística, aunque duela.

Las características de cada tatuaje los hacen únicos

Se estima que de la población carcelaria de Brasil el 60% de los presos del sexo masculino se encuentran tatuados y de estos el 20% se realizó dichos tatuajes dentro de un penal. La hipótesis brasileña del año 2012, plantea un nuevo intento *biotipico*, que busca asociar las características del tatuaje con un tipo determinado de individuo. Empleada por la Policía Militar Nacional brasileña; basada enteramente en el trabajo empírico comparativo del teniente José Lázaro Da Silva Alden, quien durante 3 años comparo y analizo más 30,000 fotografías medico legales de tatuajes y perfiles criminales en los archivos nacionales, asegurando haber encontrado un *código cifrado* en los tatuajes de los criminales brasileños. Aquel (el código cifrado) se remite al (a) oficio desarrollado, a la manera de una (b) proyección de personalidad y muchas veces (c) tatuado a la fuerza dentro de una prisión. Debido a un estricto código de silencio que reina dentro del sistema penal brasileño (y mundial) ningún preso, colaboro con su investigación.

El teniente Da Silva en sus abordajes policiales encontró una frecuencia de varios tipos de tatuajes, sobre varios biotipos específicos. Eventualmente encontró que ciertos tatuajes tenían una correlación entre el símbolo, el delito cometido y la personalidad del criminal. Del trabajo desarrollado propuso y se emitió un manual de instrucción policial básica que capacita a los nuevos oficiales en el campo de la identificación, clasificación y biotipología criminal, mediante el uso de tatuajes criminales que identifico. [101]El teniente dividió su investigación en 5 categorías:

1. Tipología criminal.
2. Tatuajes etiquetadores.

---

[101] *V.* Da Silva, Alden, José Lázaro. *Cartilha de orientação policial tatuagens: Desvendando segredos* (Bahía, Brasil: Secretaria Da Seguranca Pública Do Estado Da Hahia. 2012). Edición en PDF.

3. Tatuajes sentimentales.
4. Tatuajes de pandillas.
5. Curiosidades.

Dentro de la **(1) tipología de tatuaje criminal**, propuesta se encuentran algunos ejemplos de tatuajes como los mostrado a continuación: Tatuaje *chucky el muñeco diabólico*, describe a un individuo extremadamente violento que en lo general se encuentra preso por el delito de homicidio. El tatuaje de una *india*, por lo general se encuentra sobre individuos que han ultimado a un oficial de la ley. El tatuaje de *la muerte* y de *Jesús Cristo*, son portados por individuos que consideran haber padecido una injusticia, puesto que han pasado un tiempo encerrados en una prisión, sin merecerlo. El tatuaje de la *virgen de concepción* o *nuestra señora aparecida*, portada por lenones, estupradores o por aquel individuo que ha sufrido un ataque de tipo sexual. Este tatuaje funge como una protección psicológica ante los demás presos, quienes desprecian a los delincuentes sexuales y suelen violarlos[102]. El tatuaje del *payaso*, es portado por ladrones. El tatuaje del *joker* o el *guasón*, se relaciona con el homicidio de un policía; portado por individuos muy peligrosos que muestran desprecio por su propia vida. El tatuaje de una *calavera* y un *cuchillo*, es portado por miembros de diferentes pandillas de Brasil, a manera de insulto irónico al símbolo del BOPE[103]. El tatuaje del *diablo*, es un tatuaje de carácter místico religioso relacionado con los pactos satánicos y con los sicarios. El tatuaje de una *cruz* y una *tumba*, es un tatuaje bien visto dentro del submundo criminal, pues se relacionan con una persona que puede guardar secretos y que jamás ha delatado a nadie (en esta investigación se plantea una tesis más; distinta a esta en particular. Misma que se verá más adelante en el apartado de los ejemplos). El tatuaje de un *arma de fuego*, indica el gusto del individuo por el uso de estas herramientas. El tatuaje de la *carpa coi*, es usado por aquellos individuos llamados burreros, que se dedican a transportar drogas de un lugar a otro. El tatuaje de una *hoja de mariguana*, un

---

[102] *Supra.* II.6.9. LA VIRGEN DE GUADALUPE, p. 58.

[103] Sobre este tema en particular: Batallón de Operaciones Policiales Especiales es la tropa de élite de la policía militar de Río de Janeiro, Brasil.

drogadicto, un *duende* y un *mago,* se relacionan con delincuentes contra la salud.[104]

Los **(2) tatuajes que etiquetan,** a los presos son por lo general, aquellos que definen su (a) orientación sexual o su (b) rol dentro de la pirámide criminal. En el apartado de la orientación sexual podemos encontrar: El tatuaje de *San Sebastián,* quien es considerado dentro de las prisiones como el protector de los homosexuales y el tatuaje de un *pene* y *corazón con flecha* significan que el portador es un esclavo sexual. En el apartado de los roles dentro de la pirámide criminal podemos encontrar: El tatuaje de una *serpiente*[105] no es bien visto dentro del submundo criminal, pues es portado por un individuo drogadicto y traicionero; en el cual no se puede confiar pues este padece una batalla en su interior.[106]

Los **(3) tatuajes de corte sentimental,** son en su gran mayoría, expresiones de carácter místico religioso, alusiones a los seres queridos, así como expresiones de arrepentimiento, disculpas o algunas excusas.

Los **(4) tatuajes de pandillas,** fungen como un código cifrado, para recocerse entre las distintas pandillas brasileñas. Muchos pandilleros suelen tatuarse su nombre pues buscan que de algún modo sus familiares o su barrio los identifique, debido a que entre las guerras pandilleriles se acostumbra desfigurar el rostro o descuartizar al rival. El lenguaje de puntos tatuados se encuentra distribuido por todas las pandillas del continente y en lo general suelen encontrarse en las manos con los siguientes significados: Un punto es igual a carterista. 2 puntos referente a estuprador. 3 y 4 puntos referente a traficante. Estrella o círculo de puntos, referente a homicida. X de puntos referente a líder.

Se abre un paréntesis. Aquí un pequeño listado de las pandillas criminales activas en Brasil y algunos de sus tatuajes característicos:

---

[104] *Cfr.* Da Silva, *op. cit., pp.* 12 y 32.
[105] *Supra.* CUADRO N° 12. IV.2.8. DROGODEPENDIENTES O DELINCUENTES CONTRA LA SALUD, p. 93.
[106] Da Silva, *op. cit., pp.* 33 y 38.

- **Primer comando da capital C.P.C**: tatuajes característicos, *C.P.C*, la *carpa coi*, el *escorpión*, el *jinjan*, la *muerte* y la frase *paz y justicia*.

- **Comando vermelho cv**: tatuajes característicos, *CV*, *C.V.R.L* el *demonio tas* y el tatuaje *chucky*.

- **Pandillas skinhead:** en Brasil se tienen identificadas al menos 25 pandillas *skinheads* y se tiene conocimiento que más de 156,000 brasileños practican, una ideología neonazi (muy diferente a la ideología nacionalsocialista o de tercera posición). Algunas de las pandillas con esta ideología son: *white power, front 88, kombat rac, carecas do A.B.C, S.H.A.R.P*. Dentro del sistema penal brasileño el Teniente Da Silva identifico 200 individuos con tatuajes relacionados.[107]

Se cierra el paréntesis

Dentro del apartado de **(5) curiosidades**, se encuentran aquellos tatuajes que determinan la especialidad del criminal como: el tatuaje del *correcaminos* y *speedy gonzales*, son usados por individuos con gusto por las motocicletas, los cuales suelen dedicarse al robo o a transportar drogas. El tatuaje de un *tigre*, simboliza que el portador es una persona violenta[108]. La frase tatuada de *mi vida loca* es la señal inequívoca de un criminal habitual. El tatuaje de un *pulpo* es portado por ladrones.[109]

En esta obra las categorías, motivos y características, no quieren dar a entender una sensación *lombrosiana*, a que la presencia de un tatuaje sin importar cuán simple sea, es un signo de atavismo. El verdadero valor de la creación de una clasificación mediante categorías de correlación, entre la presencia de un tipo de tatuaje y la desviación es de importante valor científico, pues esta diferenciación sería más beneficiosa, ya que podría ser una marca fácilmente identificable a la predisposición de dicha conducta.[110]

---

[107] *Ibid.*, p. 43 y 49.
[108] *Supra.* CUADRO N° 13. IV.2.9. VIOLENTOS Y MUY PELIGROSOS, p. 94.
[109] *Cfr.* Da Silva, *op. cit.*, p. 51.
[110] *Cfr.* Post, S, Richard, *op. cit., p.* 516.

II.6. EJEMPLOS.

En las cárceles los tatuajes se elaboran manualmente sin ningún elemento artístico y dejando de lado toda higiene. Los dibujos que hace el delincuente para tatuarse son semejantes a los del niño, sin arte, sin sentimiento afirma Martínez Baca[111]. Los secretos de la técnica y conocimientos en la materia se transmiten de convicto en convicto. El tatuaje al igual que su condena los estigmatizara por el resto de su vida.

A continuación, se presenta una selección de tatuajes comunes en prisión, sobre individuos, que han pasado una estadía dentro de esta casa de sufrimiento y sus tatuajes afines a una personalidad desviada y cuyo significado puede variar dependiendo la cultura, o región.

II.6.1. 3 PUNTOS.

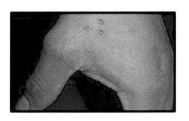

Significado: *mi vida loca*. No está asociado con ninguna pandilla en particular, pero si, con el estilo de vida de las pandillas. Los 3 puntos en jerga gansteril se refieren al destino autoimpuesto de *cárcel, hospital y tumba*. Usados por la tripleta de *sureños, maras salvatruchas* y *mm*, quienes comparten características similares, como el hecho de existir por siempre enemistados con la pandilla rival de los *norteños*, los cuales jamás portaran dicho símbolo.

Se encuentran típicamente en las manos, alrededor de los ojos, en los dedos o detrás de las orejas. Se pueden encontrar variaciones en cuanto a la simetría de los puntos, puesto que en algunas ocasiones se encuentran alineados en fila. También puede tener un significado religioso, tal es el caso de la representación de la *santísima trinidad*, en el cristianismo debido a su simetría triangular.

---

[111] *Cfr.* Martínez Baca, *op. cit.*, p. 54.

Este tipo de tatuajes al igual que el tatuaje *VL*, (vatos locos) se hizo popular desde los 90s entre la comunidad latina en EE. UU. Después de la aparición de la película de culto *Bloond In, Blood Out* (sangre por sangre) de Taylor Hackford.

II.6.2. 5 PUNTOS.

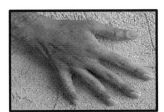

El psicoanálisis interpreta los *5 puntos*, como una manera de simbolizar, que se ha pasado un tiempo en la cárcel. Los 4 puntos exteriores representan las 4 paredes de una celda y el quinto interior al prisionero mismo. Pero lo que en realidad puede simbolizar es la relación que existe entre los 5 picos de la corona, característica de la pandilla de los *reyes latinos* o *Latin Kings*.

El tatuaje se encuentra típicamente en las manos, alrededor de los ojos en el hombro, los dedos o detrás de las orejas.

II.6. 3. TELARAÑA.

Representan una larga pena de prisión. La tela con que la araña captura a su presa simboliza a los prisioneros atrapados tras las rejas. Este tipo de tatuaje suele muy comúnmente encontrarse justo sobre el codo de ambos brazos, los hombros, así como en la mano o incluso entre los dedos.

II.6.4. CUCHILLO.

Las espadas siempre fueron un emblema importante para la humanidad, representando un símbolo fálico, de fuerza y poder. Debido a esto tienen muchos significados en los tatuajes, gracias a su diversidad. En el medio oriente se destacan las *dagas*; un arma blanca con doble filo y suelen relacionarse con la traición y los sicarios. En las áreas étnicamente asiáticas destacan las *catanas*, de los *samuráis* japoneses, las cuales están relacionadas con el honor y la lealtad. En cuanto a Europa y el resto del mundo, las espadas fueron la herramienta y el principal símbolo de los guerreros.

Dentro de la simbología criminal, los cuchillos suelen estar relacionados con asesinos o sicarios quienes etimológicamente se encuentran relacionados entre sí. Generalmente las gotas de sangre que suelen encontrarse en la punta del cuchillo, indican el número de víctimas. Una espada rota, simboliza la derrota y la rendición mientras que 2 espadas juntas representan la lucha a muerte y la resistencia hasta las últimas consecuencias.

Sin embargo, no se debe confundir este tipo de tatuaje, con la ahora moda de tatuarse instrumentos de cocina entre los chefs, cocineros, parrilleros y restauranteros.

II.6.5. CRUZ EN EL PECHO.

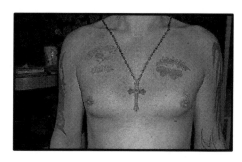

Los tatuajes en el pecho, simbolizan estatus en la pirámide criminal. *Príncipe de los ladrones*, es uno de los rangos más altos que un convicto soviético puede lograr. Se encuentra por lo común en prisioneros de origen soviético, por ende, muy frecuente en cárceles rusas. Un tatuaje característico de la *mafia rusa* (bratva) y en especial de una pandilla criminal que se comunica especialmente con tatuajes, así como que estos son parte de su contracultura, los *Vor V Zakone* (ladrón de ley). Lombroso en el año de 1872 concluía que la *cruz* sobre el pecho es el indicador de un criminal contra el patrimonio.[112]

II.6.6. LÁGRIMA.

El tatuaje en específico de una lagrima, lagrimas o un ojo en llanto sin importar la región anatómica en la cual se encuentre, implica un gran dolor físico o psicológico por el cual tuvo que pasar el individuo personalmente o alguno de sus seres queridos. En algunos lugares la lágrima representa una larga condena en prisión, como es el caso de las lágrimas tatuadas en los dedos o manos, en otros representa que el preso es un asesino, si es el caso que se encuentre sobre la mejilla derecha, indicativo de alta peligrosidad o la desafortunada experiencia de un ataque sexual (violación) si se encuentra en la mejilla izquierda.

Existe una variante de este tatuaje donde el individuo se tatúa los parpados insertando entre estos y los glóbulos oculares una pequeña cuchara para evitar que la aguja perfore el globo ocular

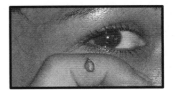

II.6.7. CARTAS Y JUEGOS DE AZAR.

El origen de la actual baraja de cartas, puede rastrearse hasta la Europa de la edad media, cuando los naipes (realizados a mano) eran un juego reservado solamente a los más los adinerados. Más tarde, con la aparición de la imprenta y de la producción en masa, se hizo posible que los juegos de cartas se volviesen populares entre la gente común. Se dice que la *espada*, es en realidad la lanza del caballero, puesto que en algunas barajas antiguas aparece en su lugar. El *corazón*, es un símbolo de la Iglesia, el *diamante*, representa

---

[112] *Infra.* p. 32.

a los ricos, y el *basto*, proviene de una hoja o de una bellota, ambos representativos de los campesinos. Los *reyes*, de la baraja se identifican como personajes históricos, como el Rey David, Héctor de Troya, Julio Cesar y Alejandro Magno.

Suelen indicar a un preso al que le gustan los juegos de azar o aquel con un trastorno de juego patológico mejor conocido como ludopatía o adicción a los juegos de apuestas. También puede representar a una persona que ve la vida como un juego de azar. Este tipo de tatuajes está conformado por símbolos como los naipes, los dados, el billar, las fichas y las ruletas de los casinos. Objetos que son asociados a ciertos vicios, que pueden llevar a hombres y mujeres a la mismísima ruina si es que la suerte no los acompaña. Del mismo modo se puede encontrar en personas supersticiosas. Las cartas de la baraja aparecen en multitud de diseños de tatuajes. El lenguaje del tatuaje a menudo hace uso de más símbolos que podemos encontrar en los mazos de cartas, desde el *as de espadas*, a la *reina de corazones* o *el joker* (comodín).

Los dados funcionan como una metáfora de la vida, ya que no es posible predecir qué es lo que nos espera en el futuro. Lo que esta metáfora indica, la mayoría de las veces, es que en la vida como en el juego, la suerte juega un papel

importantísimo. Estos también son asociados a la idea de correr riesgos lo cual no siempre implica un significado positivo.

II.6.8. LA MUERTE Y LOS DEMONIOS.

Único tatuaje de motivo místico religioso en toda la obra. Algunas religiones fungen claramente como factores impelentes a la criminalidad, tal es el caso de la adoración a la muerte, a satanás, al anticristo y el vudú.

El origen del culto a la muerte no se tiene claro, pero su uso en la narcocultura se remonta a la década de los años 40 y 50s. Este culto se relaciona íntimamente con el México precolombino donde se adoraba a los muertos pidiendo por las buenas cosechas. El día que se celebra a la llamada santa muerte es el día 15 de agosto y su tradicional adoración, se encuentra más arraigada en el norte de México, en específico en los estados de Chihuahua, Sonora y Coahuila, así como en el centro del país en Jalisco, Michoacán y en la Ciudad de México. Sociológicamente este culto se exterioriza más entre las clases económicamente bajas y los sembradores de marihuana de las sierras mexicanas.

El culto a la muerte es un credo religioso opuesto a la doctrina católica y marginado por el Vaticano. Este posee y genera un etiquetamiento muy negativo entre sus fieles, quienes se encuentran entre la extracción más pobre, analfabeta, desprotegida y violenta, de la sociedad; todas y cada una de ellas, características criminales.

El psicoanálisis considera a los adoradores de la muerte como individuos gobernados por el instinto básico del *tanatos*, pulsión de muerte, la suya o la de los demás. Instintos que llevan a destruir, matar y delinquir[113]. Otra hipótesis es la relacionada con el miedo a la muerte y en un intento de redención, el individuo se tatúa este tipo símbolos[114]. El portador de este tipo de tatuajes no dudará en matar, ante una situación límite, mientras que para los otros presos es una advertencia. Este tipo de tatuajes se pueden encontrar en la espalda, pecho, brazos y piernas de muchos reos.

Nuestra señora de la guadaña, como se refieren los presos afines a su ideología, describe 2 tipos de muerte, la (1) femenina

---

[113] *Cfr.* Rodríguez, Manzanera, *op. cit.*, p. 371.

[114] *V.* Campuzano, Ingrid. *et. All. Entrevista con el D.R Víctor Alejandro Payá Porres...*

representada con el planeta tierra entre sus manos y (2) la masculina que porta una guadaña.[115]

II.6.9. LA VIRGEN DE GUADALUPE.

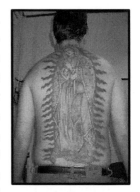

Este símbolo se encuentra por toda la población carcelaria mexicana, como un acto consecuencia de un mecanismo de defensa llamado anulación, en respuesta a sus actos criminales.[116] Sin embargo, el investigador debe prestar atención a individuos cuya fisionomía no sea ni corpulenta ni fornida, hablamos de personas pequeñas, algunos afeminados, sujetos físicamente débiles, jóvenes y aquellos sentenciados por delitos contra la libertad sexual, puesto que   dentro de las instituciones carcelarias dichos individuos son victimizados por otros presos quienes los atacan sexualmente y suelen violarlos. En un intento de protegerse contra estos ataques y debido a su poca capacidad de resistencia física, se tatúan la figura plasmada en el sarape de Juan Diego, como una barrera psicológica ante sus victimantes.

II.6.10. MOB.

El término MOB proviene de la canción MOB de 2PAC, de su octavo álbum *hasta el fin del tiempo*. Este acrónimo tiene 2 significados.

1. El primero, es sólo un verso *Money Over Bitches*, emanado de la filosófica gansteril. Y cuyo significado puede traducirse a: *el dinero que se obtienen de la prostitución.*
2. El segundo, es *member of bloods* (miembro de los bloods). Una pandilla

---

[115] *Ib.*

[116] Hikal, Wael. *Criminología psicológica...* p. 63.

criminal con origen en los barrios de afrodescendientes de la ciudad de Los Ángeles California.

Este tipo de tatuajes se pueden encontrar sobre el rostro, brazos, manos, piernas, y sobre el vientre de miembros de la pandilla o de individuos quienes tienen un modus vivendi criminal y en general de todos aquellos que sueñan con obtener ganancias de lo ilícito.

II.6.11. 4:20.

20 de abril (4/20) es un día celebrado por los adictos a la marihuana en todo el mundo, para celebrar la cultura *Rastafari* del cannabis. Algunas palabras relacionadas con este tatuaje y que pueden también aparecer junto con el son: *Ganja, weed, mary jane, pot o hierba,* del mismo modo suelen encontrarse también tatuadas pipas, capullos de marihuana y hojas de la misma planta. El número 420 se originó como un mensaje cifrado para los consumidores de esta planta, al ser discreto. Creado por un grupo de adolescentes que planearon reunirse en una estación de metro llamada 4/20 en punto de las 4:20 de la madrugada para fumar marihuana, ello pronto se convirtió en el símbolo, de todos aquellos que la consumen.

II.6.12. LADA O AREA CODES.

Una manera más de identificarse con una región, es marcándose con su código telefónico o como los miembros de las pandillas, acostumbran decir *representar a su ciudad.* Los códigos de área han sido empleados a menudo como un método para identificarse entre bandas. Se utilizan comúnmente por miembros de pandillas a lo largo de todas las ciudades de Norteamérica. Este tatuaje funge como un método muy efectivo para identificar el área geográfica de la cual proviene o tiene relación el reo. Es importante que el investigador se adentre en la pictografía llena de símbolos, buscando uno que indique la regionalidad del reo.

A causa de que la gran mayoría de los individuos tatuados con este tipo de símbolos pertenecen a una subcultura criminal, donde sus miembros se autodenominan *cholos* con origen en EE.UU. se presenta una serie de *área codes*, como ejemplos, de dicho país.

CUADRO N° 5
STATES, CITIES AND ÁREA CODES.

ENTIDAD FEDERATIVA DE EE.UU.		LADA		
ARIZONA.	Scottsdale 480	Tucson 520	Phoenix 602	Oakland 510
CALIFORNIA.	Downtown L.A 213	San Diego 619	San Francisco 415	
FLORIDA.	Key West 305	Orlando 407	Jacksonville 904	Tampa 813
GEORGIA.	Atlanta East 678	Atlanta West 404		
ILINOIS.	Chicago East 773	Chicago West 312	Arlington Heights 847	
NEW YORK.	Brooklyn 347	Bronx 917	Staten Island 929	Queens 929
TEXAS.	El Paso 575	Dallas 214	Houston 281	San Antonio 830

Fuente: propia.

[117] CUADRO N° 5. STATES, CITIES AND ÁREA CODES.

II.6.13. TRAMP STAMP.

Se suele denominar a estos tatuajes como *tramp stamp*, cuya traducción al español es: estampa de zorra. Sin importar demasiado cuales sean los diseños, los tatuajes en la espalda baja son muy populares entre las mujeres, especialmente en las nacidas entre las décadas de los 80 y 90s. Se interpreta como: más visible y grande, más predispuesta y sexualmente disponible se encuentra la portadora[118]. Este tipo de tatuajes estará siempre asociado con la promiscuidad, un carácter sexualmente desarrollado, así como con una libido muy alta. Debido a su localización se cree que tiene su origen de las tribus hindús, quienes ubicaban marcas en las espaldas de sus mujeres, como si se tratara de un anillo de bodas primitivo del que nunca pudiese desprenderse.

II.6.14. A.C.A.B.

Este acrónimo o siglas se encuentran, comúnmente sobre los cuerpos de prisioneros de origen angloparlante, así como en aficionados extremistas de futbol (hooligan) brasileños y argentinos[119]. Relacionado con personalidades parasociales, violentas que defienden sus posturas doctrinalmente. Su significado *all cops are bastards*. (Todos los policías son bastardos). La mentira que algunos afirman, es que A.C.A.B. también significa, *siempre lleve conmigo una biblia* (always carry a bible) pero es algo que han inventado después, ante el arrepentimiento de tatuarse.

---

[118] Sobre este dato en particular: Salillas, afirmaba que las prostitutas se tatúan los brazos, espalda, axilas, pubis o genitales.

[119] *V.* N/a., Alonzo. "Las barras bravas brasileñas y sus tatuajes". *Pousta* (Blog) (2015). Dirección en internet: <ins>https://pousta.com/barras-bravas-brazilenas/</ins> (Consultado, 23/01/2019).

Suele encontrarse en los parpados, al interior del labio inferior de la boca, el vientre, los nudillos o simplemente sobre la espalda. Este tatuaje generalmente se encuentra acompañado por el número 1312, la figura de un cerdo vestido de policía o algunas imágenes intencionadas a ridiculizar o burlarse de oficiales de policía.

II.6.15. E.W.M.N.

Un siglo atrás los tatuajes encriptados en siglas sobre las manos de los criminales ya eran habituales entre la población carcelaria[120]. Estas letras juntas representan las palabras *evil, wicked, mean, nasty* en español (Malo, travieso, miserable, desagradable). Al no tener afiliación particular con alguna pandilla, simplemente representan la disposición general de algunos reclusos para causar problemas tales como: huelgas, disturbios, peleas, etc. Por lo general se encuentran en los nudillos, brazos y cuello. Este tipo de tatuajes sobre los nudillos se popularizo en 1955 por Robert Mitchumr en la película *la noche del cazador*.

II.6.16. BROWN PRIDE.

Traducción: Orgullo moreno. Frase usada por la comunidad latina en el país del norte. Expresión que surge en defensa al racismo que promueve el *white pride* (orgullo blanco) comúnmente asociado a grupos neonazis que abogan por la supremacía blanca. Así los latinos decidieron usar el *orgullo moreno*, como una expresión, para remarcar sus raíces. Algunas personas lo han tomado también como una forma de racismo, de sectarismo por parte de los latinos contra otras razas,

---

[120]Lacassagne, *óp. cit.*, p. 90.

en especial la blanca, por lo cual ha causado enemistad entre vecinos.

Tatuaje característico de individuos con ascendencia latina y en especial mexicana, comúnmente asociado a grupos minoritarios de latinos dentro de cárceles, de mayoría afrodescendiente o blanca, como una manera de identificarse con el grupo racial afín. Sus tatuajes contienen temas alusivos a la revolución mexicana como: Zapata, Villa, adelitas, charros y el escudo nacional mexicano.

II.6.17. MANDAS.

En un afán de compensación a sus actos, algunos criminales supersticiosos realizan lo que denominan *mandas*. Acciones generalmente de carácter religioso, que consisten en la promesa por parte del individuo, con una deidad a cambio de un favor y a manera de pago se puede realizar un peregrinar a un lugar santo, la construcción de un tótem o la realización de un tatuaje, *so pena* de sufrir las consecuencias. Comúnmente se pueden encontrar sobre el pecho o sobre los hombros y suelen contener temas alusivos a la religión católica, como pueden ser *santos* y retratos de Cristo o la *virgen María*.

Este tipo de tatuajes, son los únicos en toda la obra que pueden realmente considerarse como expresiones místico religiosas positivas, en cuanto puedan representar un intento de reinserción, readaptación o disminución de peligrosidad (hoy riesgo de violencia), puesto que todos los demás son meras proyecciones, expresiones, insatisfacciones, conmemoraciones, identificaciones, singularizaciones y defensas. O el aumento de un factor impelente (hoy factores resilientes) como puede ser una religión.

II.6.18. LAPIDAS.

Las tumbas, lapidas y cementerios tatuados sobre los criminales permiten 2 interpretaciones.

1. Claramente simbolizan la defunción de algún individuo sea su muerte violenta o no. Usualmente sobre las lapidas, se puede apreciar la palabra RIP, así como la fecha de nacimiento y deceso.

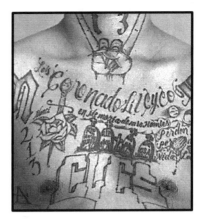

2. Un tatuaje bien visto dentro del submundo criminal pues se relacionan con una persona que puede guardar secretos y que jamás ha delatado a nadie.

Este tipo de tatuajes al generar tal grado de dolor, pérdida u orgullo en el caso de víctimas, se encuentran sobre el pecho, los hombros y el vientre.

Otras formas simbólicas de representar condenas pueden ser: relojes, rejas, cúpulas de iglesia, cadenas o rostros deformados.

II.6.19. PORNOGRÁFICOS.

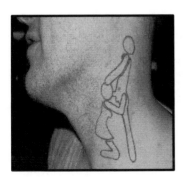

Lacassagne, en su clasificación de tatuajes criminales, consideraba toda marca por debajo del ombligo y por encima de la rodilla como pornográfico[121]. Los tatuajes eróticos, que muestran símbolos alusivos al sexo como: personajes desnudos, coito, órganos sexuales, conductas sodomitas, irreverencias eróticas y demás parafilias, son claros indicios de individuos cuya libido se encuentra atrasada, fijada, modificada o acelerada. Individuos victimizados sexualmente. Agresores sexuales, homosexuales y personas física y emocionalmente frustradas debido a la falta de actividad sexual normal o patológica y que manifiestan pictográficamente sus gustos, anhelos, deseos, o frustraciones.

---

[121] Lacassagne, *op. cit.*, p. 28.

Este tipo de tatuajes puede encontrarse sobre todo el cuerpo, aunque existe una leve inclinación a los brazos, pero en general se localiza sobre regiones erógenas como: axilas, genitales, senos, glúteos y ano.

En antropología criminal se ha clasificado el tatuaje en normal y anormal, según se practique en agrupaciones de hombres honrados o entre delincuentes.

Rafael Salillas y Panzano.

CAPITULO III

MEDIO IDENTIFICADOR

III.1. INTRODUCCIÓN.

Las pandillas son agrupaciones criminales, con sus propias reglas y valores que se trasmiten de miembro en miembro, de manera empírica y verbal. Suelen estar menos organizados que las mafias, pero poseen su propio estatus social y rangos dentro del grupo. El origen de las pandillas se remonta al de un medio de protección y ayuda mutua entre miembros de una misma raza, identidad geopolítica, credo, etc. Generalmente se encuentran en áreas o países donde la población oriunda los considere, extranjeros invasores.

Con el paso del tiempo este fin se ha desvirtuado rápidamente, dando paso a los grupos de criminales, generalmente muy violentos, que proclaman una hegemonía territorial sobre un área específica y que a manera de bestias marcan el territorio, que consideran dogmáticamente propio. El trazado en forma de ajedrez de muchas ciudades, favorece la disputa territorial entre las pandillas, puesto que marca la frontera por los 4 puntos cardinales, que delimitan las cuadras. Esta hegemonía territorial que autoproclaman, es fuertemente defendida y disputada entre grupos o pandillas rivales, enemistadas y aliadas entre sí, dependiendo de muchas circunstancias entre las que destacan raza, actividades económicas criminales, rivalidades geopolíticas entre otras.

Este tipo de grupos atraen a jóvenes, quienes debido a una serie de factores se encuentran predispuestos a engrosar las filas de estas agrupaciones las cuales comienzan a convertiste en un nuevo tipo de *familia deformante*, según el criminólogo mexicano Edmundo Buentello y como los demás tipos de familias deformantes actúan creando, modificando o alterando la conducta de un individuo generalmente joven, surgiendo de este un ser antisocial.

Las pandillas, suelen identificarse entre ellas por medio de la vestimenta, usando colores específicos, señas con las manos (placasos), números y otras formas de comunicación como: el grafiti y el uso de tatuajes simbólicos (rayados, caneros o tumberos) formando así un intento de neotribalización.

III.2. EL TATUAJE Y LA PANDILLA.

El ex subprocurador de justicia de la república mexicana Francisco Javier Molina Ruiz, define *pandilla*[122] como:

> *Un grupo de personas, normalmente jóvenes en buena parte menores de edad, que por su cercanía física al barrio o en la barriada comparten los perjuicios que la sociedad les reprueba y que el Estado no les ha resuelto. El desempleo, la drogadicción, la promiscuidad y la suciedad en su estilo de vida y la existencia sistemática de problemas familiares forman el carácter y la personalidad de los integrantes de estos grupos. No tienen una visión de futuro ni de su misión en la vida. Carecen de interés*

---

[122]Sobre este dato en particular: Congreso del Estado. *CODIGO PENAL PARA EL ESTADO DE GUANAJUATO. TÍTULO PRIMERO DE LOS DELITOS CONTRA LA SEGURIDAD PÚBLICA. CAPÍTULO I. PANDILLERISMO Y ASOCIACIÓN DELICTUOSA* (Guanajuato México: POGEG, 24 de septiembre de 2018). Para los efectos de esta disposición se entiende por pandilla la reunión habitual, ocasional o transitoria de tres o más personas que sin estar organizadas con fines delictuosos cometen en común algún delito. Artículo 223.- Cuando se cometa algún delito por pandilla se aplicará a quienes intervengan en su comisión hasta una mitad más de las penas que les correspondan por el o los delitos cometidos.

por el progreso y padecen de una profunda ignorancia cultural, sin valores ni religión.[123]

El Departamento de Justicia de EE. UU. define *pandilla* como: Una asociación de 3 o más personas, cuyos miembros colectivamente se identifican mediante la adopción de una identidad de grupo, que utilizan para crear una atmósfera de miedo o intimidación mediante el empleo de uno o más de los siguientes puntos: un nombre común, lema, símbolo, tatuaje u otra forma física de marcado, estilo o color de la ropa, peinado, señal con la mano o mediante el grafiti. La asociación tiene en parte el propósito, de participar en actividades criminales y mediante el uso de la violencia o intimidación, promover sus objetivos criminales.[124]

El *informe nacional de pandillas 2015*, presenta información de inteligencia, o una visión general de las actividades de las bandas actuales y tendencias gansteriles en los EE. UU, para examinar la amenaza de pandillas violentas que forman asociaciones con otras organizaciones criminales, como los carteles de la droga mexicanos o su participación en delitos de alta rentabilidad como la trata de personas, la extorsión y el tráfico de drogas todo fomentado por el dominio geográfico que profesan.

Este informe se deriva principalmente de 2 encuestas realizadas. La primera coordinada por la *Alianza Nacional de Investigadores de Pandillas* NAGIA, por sus siglas en inglés y de una segunda encuesta sobre calles seguras y grupos de acción, administrada por el FBI. El análisis de la NAGIA, consiste en 4 componentes: (1) encuesta de una pandilla callejera, (2) encuesta de pandilla de prisión, encuesta de una (3) banda de motociclistas fuera

---

[123] *Apud.* Francisco Javier Molina Ruiz. En, Bruccet Anaya, Luis Alonso. *El crimen organizado.* (México: Porrúa. 2001). p. 59.
[124] National Gang Intelligence Center (NGIC). *2015 National Gang Report* (NGR) (EE. UU: US Department of Justice UU. 2016.). Edición en PDF.

de la ley y una encuesta sobre las actividades criminales de (4) pandillas ancladas a las fronteras de EE. UU.

1. **Las pandillas callejeras,** (étnicas) son agrupaciones criminales que se formaron en la calle y operar en los vecindarios. Muchas veces enemistados entre sí, se subdividen en conjuntos denominados por el FBI como *juggalos*[125]. Confinados al vecindario, a los barrios y a ciertas jurisdicciones, sus actividades criminales se remiten a un área geográfica controlada o feudo determinado. Agrupaciones flexibles que forman constantemente alianzas y rivalidades, que fomentan o atenúan sus disputas para alcanzar sus objetivos económicos. Alianzas basadas en la raza, la geografía, la protección, los recursos y el control. La actividad delictiva de dichas pandillas está orientada hacia crímenes oportunistas y violentos, tales como: robo, robo de identidad, robo de tarjetas de crédito, fraude y falsificación de cheques, tráfico y distribución de drogas a nivel de calle, invasiones del hogar, homicidio, intimidación, amenazas, tráfico de armas y el tráfico sexual. Las principales pandillas callejeras identificadas por el FBI son: *hoover crips, skanless, west coast crips, sureños, latin kings and latin queens, maras salvatruchas, guada bloods* y *norteños.*[126]

2. Una **pandilla de prisión,** es una agrupación criminal que se origina en el sistema penitenciario y sigue operando fuera de los establecimientos penitenciarios. Agrupaciones que se aglutinan casi enteramente en base a sus afinidades raciales. En cuanto a su número, se calcula que más del 68% de los miembros de una pandilla callejera también pertenecen a

---

[125] *V.* National Gang Intelligence Center (NGIC). *2011 National Gang Threat Assessment* (NGTA). *FBI; Reports And Publications* (Blog). Dirección en internet: https://www.fbi.gov/stats-services/publications/2011-national-gang-threat-assessment (Consultado, 23/01/2019).
[126] *Cfr.* 2015 National Gang Report. pp. 11 y 13.

una pandilla de prisión. En esta cohesión, radica la mayor amenaza de dichas pandillas y en su capacidad para corromper a los funcionarios de prisiones, facilitando las prácticas de contrabando de fármacos, alcohol, teléfonos celulares, drogas y armas, así como distintas conductas que constituyen delitos como: robo, narcotráfico, homicidio, extorsión, intimidación de testigos y prostitución. Ya que los guardias y algunos funcionarios de la prisión son intimidados o extorsionados desde fuera de la prisión. Las principales pandillas de prisión identificadas por el FBI son: *almighty, mafia mexicana, nuestra familia, saxon knights, blood nation, aryan brothers, black guerilla family,* y *folk nation.*[127]

Ambas pandillas callejeras y carcelarias se organizan en una estructura única que se divide en 2 primarias categorías: (1) líderes y (2) soldados. Las pandillas de presos son típicamente más estructuradas y disciplinadas que las pandillas callejeras; así como su participación femenina presenta una mayor envoltura. Ambas organizaciones son distintas he interdependientes, pero funcionan en un binomio *padre e hijo,* subordinado, pues debido al control que las pandillas de prisión ostentan dentro de la cárcel, estás siempre se pondrán a la cabeza de la pirámide criminal. Así pandillas de prisión tales como la *mm,* la *nf* y los *ab,* gobernaran a sus respectivos subordinados de la calle: sureños, *norteños* y *PENI.* O el caso de la *black guerilla family* que ha logrado reunir (a enemigos acérrimos) algunos miembros de los *bloods* y *crips,* bajo su yugo. También existen casos fallidos como el del *sindicato texano* que no ha conseguido mantener bajo su mando a los *3 city bombers* y los *Texas chicano brotherhood.* Para ingresar a una de estas pandillas, todo prospecto debe pasar por un rito simbólico (muy diverso) que representa el sacrificio por la pandilla (la vida o la muerte por la pandilla).

---

[127] *Ibid.,* pp. 15 y 21.

3. Las **pandillas de motociclistas fuera de la ley,** son agrupaciones, asociaciones o clubes de tres o más personas con un interés común por las motocicletas y un patrón de comportamiento criminal. Agrupaciones que crecen estableciendo *capítulos* que reclutan nuevos miembros y apadrinan pequeños grupos de motociclistas a los cuales acuden por apoyo. Caracterizadas por el uso excesivo de la fuerza bruta y la violencia en contra de otras pandillas rivales o en contra de sus propios miembros. Los delitos afines a estas organizaciones son: posesión de armas, amenazas, intimidación, robo, incendio provocado, daños, extorsión y la producción y distribución de drogas. Las pandillas de motociclistas han evolucionado en los últimos 60 años y en los últimos 50, se han extendido a nivel internacional, formando en la actualidad un fenómeno global de creciente aceptación social, proporcionándoles así un camuflaje efectivo a sus actividades criminales. Las principales pandillas de motociclistas identificadas por el FBI son: *hells angels, paganos, vagos, hijos del silencio, cosacos, proscritos, bandidos,* y *mongoles.* Todos ellos clasificados como, *1% clubs.*[128]

4. El tráfico de drogas que emana de la frontera suroeste de EE. UU. y todos los factores que propician la formación de grupos criminales, dan origen a las **pandillas callejeras fronterizas.** Pandillas que luchan entre sí para defender su territorio y los derechos de distribución, transporte y protección de los cargamentos de droga procedentes de México y los *carteles* de Sinaloa y Juárez que con mayor frecuencia coaccionan con estas pandillas. La DEA identifica a más de 96 pandillas implicadas en la acometida de crímenes transfronterizos. Las principales pandillas identificadas por la DEA, implicadas con el narcotráfico son:

---

[128] *Ibid.*, pp. 22 y 26.

sureños, barrio azteca, paisas, artistas asesinos, Texas sindicate, norteños, mafia mexicana, bloods, aryan brothers, gangster disciples, ghost face gangsters, hermanos pistoleros y crips.[129]

En el estado mexicano, el problema gansteril (pandilleril) es resultado de la incapacidad de los gobiernos estadounidenses para controlar la segregación y la exclusión racial que fomenta a las pandillas. Las cifras de la cantidad de pandillas y sus miembros que operan en México son desconocidas, no así en EE. UU donde esta cuestión es asunto de seguridad nacional. La encuestadora estadounidense Statistic Brain realiza un estudio en el año 2016 basado en la información del Buró Federal de Prisiones (FBO) y del FBI en relación a la cantidad y distribución de las pandillas en EE. UU.[130]

A continuación, se presenta una tabla con las cifras más relevantes en relación con las pandillas que tienen presencia en ambos países.

---

[129] *Ibid.*, p. 28.

[130] *V.* Statistics Brain Research Institute. "Gang Member Statistics". statisticbrain.com. Dirección en internet: http://www.statisticbrain.com/gang-statistics/ (Consultado, 23/01/2019).

CUADRO N° 6
GANG MEMBER STATISTICS

ESTADÍSTICAS DE MIEMBROS DE PANDILLAS EN LOS EE. UU.	ESTADÍSTICAS DE LOS DELITOS COMETIDOS POR PANDILLAS EN LOS EE. UU.	DESGLOSE RACIAL DE MIEMBROS DE PANDILLAS EN LOS EE. UU.	PANDILLAS ESTADÍSTICAMENTE CON MAYOR NÚMERO DE MIEMBROS EN LOS EE. UU.
Total de miembros: 1,150,000	Hurto y Robo: 92%	Pandilleros hispanos: 47%	Bloods: 25%
Número de pandillas callejeras y carcelarias: 24,250	Tráfico de drogas: 63%	Pandilleros afrodescendientes: 31%	Crips: 19%
Porcentaje de miembros menores de 18 años de edad: 40%	Asalto: 44%	Pandilleros de raza blanca: 13%	Sureños: 9%
Porcentaje de miembros femeninos: 8%	Amenazas e Intimidación: 41%	Pandilleros asiáticos: 7%	Latin kings and latin queens: 6,5%
Porcentaje de menores infractores recluidos y miembros: 90%	Tráfico de armas: 27%	Miembros de pandillas de africanos y caribeños: 2%	Gangster disciples: 3,2%
Porcentaje de ciudades con reporte de actividad pandilleril: 86%	Robo de vehículos de motor: 22%	Otros: 1%	Pandillas de motociclistas fuera de la ley: 2,6%

Fuente: propia, adaptada de Statistics Brain Research Institute

131

131 CUADRO N° 6. GANG MEMBER STATISTICS

Criminólogos estadounidenses expertos en la materia, de la talla de Travis Hirschi, aseguran que las causas que impulsan a los jóvenes a unirse a las pandillas son las mismas razones por las cuales los niños pequeños se unen a los clubes de boyscouts.

Etiologías tan influyentes como: La pobreza. La falta de paternidad, de disciplina y estructura familiar. La necesidad de seguridad y protección. Un sentido de pertenencia y compromiso. La necesidad de poder y reconocimiento que generan autoestima y atenúan los sentimientos de inferioridad. La influencia de los medios masivos de comunicación (como los videojuegos de la serie, Grand theft auto). Incluso el racismo que invade al sistema escolar EE. UU. Son caldo de cultivo, para un futuro miembro de pandilla.[132]

III.3. EJEMPLOS.

Se estima que más de la mitad (entre el 55 y el 60%) de los presos varones en los EE. UU. presentan algún tipo de tatuaje, referente a una pandilla. Los jóvenes (carne de cañón para estas agrupaciones), en una muestra de adolescentes detenidos, se determinó que el 29% tenía al menos un tatuaje, el 15% tenía dos o más tatuajes y el 21% de los que presentaban un tatuaje de corte pandilleril, no fue realizado por un profesional.[133]

Hoy en día existen cientos de miles de diseños de tatuajes, que son específicos de pandillas étnicas y carcelarias, que están específicamente diseñados para identificarse entre sí. A continuación, se presenta una selección de tatuajes afines a las distintas pandillas, con el mayor número de miembros y presencia en nuestro país, México.

---

[132] *V.* National Alliance of Gang Investigators Associations (NAGIA). "ABOUT NAGIA". www.nagia.org Dirección en internet: http://www.nagia.org/ (Consultado, 23/01/2019).

[133] *Cfr.* William Cardasis, *et.all. op. cit.*, p. 173.

III.3.1. BARGER.

Hells Angels Motorcycle Club (HAMC). Moto club ángeles del infierno. Palabras relacionadas: *hells angels motorcycle corporación*, H.A., *Red & White* y 81, haciendo referencia a la octava y primera letras del abecedario, la *h* y la *a*. De origen estadounidense, considerada como una organización criminal por el Departamento de Justicia de los EE.UU. Fundado en Fontana California en 1948, en referencia al avión bombardero B17F, nombrado *ángel del infierno* y los protagonistas de una película proyectada en 1933 o la versión oficial de la pandilla, donde el fundador inspirado por la denominación típica de escuadrones de combate aéreo, de servicio en China usados para bombardear Japón durante la segunda guerra mundial y cuyos pilotos después formarían el club. Sea cual sea el verdadero origen, los *ángeles del infierno*, iniciaron en marzo del 48, por integrantes de la familia Bishop ex combatientes de la segunda guerra mundial en el estado de California. En un principio el club se creó como algo meramente recreativo para veteranos de guerra y aficionado a las motocicletas de fabricación norteamericana. Poco a poco el número de miembros con instrucción militar y acostumbrados a las armas fueron orientándose a un modus vivendi criminal.

Dicha organización opera en células llamadas capítulos alrededor de todo el mundo. Los *hells angels* utilizan un sistema de parches similares a las medallas militares. Aunque el significado específico de cada parche no es de conocimiento público, los parches identifican las acciones y logros de cada motociclista. El logotipo original de la *cabeza de muerte alada*, apodado el *barger*, tiene su origen en el

capítulo de Oakland y fue utilizado por primera vez como estandarte y medio identificador en 1959. El parche 1% es usado en el sentido de que el 99% de los motociclistas son ciudadanos respetuosos de la ley y solo el 1%, proscritos[134]. *Apoyo 81*, el 8 y 1 soporte para las respectivas posiciones en el alfabeto de *h* y *a*. Estos parches se usan en cuero o mezclilla, sobre chaquetas y chalecos, como tatuajes. Los colores oficiales de los *hells angels*, son el rojo que se muestra en un fondo blanco, de ahí el apodo *el rojo y blanco*.

El elemento étnico también se encuentra presente en esta agrupación. Debido a que existen reglas de segregación racial, ya que nunca se ha aceptado a un solo miembro de raza negroide en ningún capitulo.

III.3.2. 1488, VIKINGOS, ESVÁSTICA Y RUNAS.

Estos tatuajes se pueden encontrar en blancos racistas, presos neonazis, miembros de los *saxon knights* o posibles miembros de la *hermandad aria*. El numero 1488 no indica una fecha, sino más bien un código de letras. Los números 14 y 88 se utilizar juntos o por separado en distintas regiones anatómicas.

- El 14, representa 14 palabras, que son una cita en ingles del líder ario; supremacista blanco y wotanista[135], David Lane: *we must secure the existence of our people and a future for white children.* (Debemos asegurar la existencia de nuestro pueblo y un futuro para los niños blancos). Y
- El 88 es la abreviatura de la octava letra del alfabeto 2 veces, HH, que significa: *heil Hitler* (en español: Ayúdanos Hitler).

---

[134] *Cfr.* National Gang Intelligence Center. *op. cit., p.22.*

[135] Sobre este tema en particular: *Wotanis;* Will Of The Aryan Nation (La Voluntad de la Nación Aria). *Apud.* Michael Freeman, David Napier, "Law and Anthropology: Current Legal Issues". *OUP Oxford, 2009, ISBN 019958091X,* p. 133. En: Wotanismo. Wikipedia; La enciclopedia libre. *www.wikipedia.org* (Blog). Dirección en internet: https://es.wikipedia.org/wiki/Wotanismoapud (Consultado, 23/01/2019).

FIGURA N° 2
ESCUDOS DE DIVISIONES ARMADAS

Fuente: wikipedia.org

Por lo general, estos tatuajes se pueden encontrar en cualquier parte del cuerpo, puesto que el objetivo es mostrarlos. Algunos de los símbolos asociados a la pandilla carcelaria de la *hermandad aria* y de los *saxon knights*, son todos los relacionados a la mitología nórdica, las runas y algunos otros objetos característicos del norte de Europa como los pinos, tréboles, espadas y osos, así como todos los logotipos de las divisiones armadas nacionalsocialistas, incluso el rostro de Adolf Hitler. Estas pandillas de prisión poseen una gran variedad de tatuajes. *SK* (Saxon knights), AB (Aryan brothers) son los más comunes, junto a símbolos nacionalsocialistas como la esvástica o la doble s (SS).

La *hermandad aria,* constituye el 1% de la población reclusa, pero son responsables del 20% de los homicidios que se cometen al interior de las prisiones en EE. UU. sus miembros atacan a presos y custodios por igual. El porcentaje se explica en base a la cantidad de arios (supremacistas blancos, basura blanca y delincuentes de raza caucásica) dentro del sistema penal, puesto que al ser minoría deben mostrarse como los más fieros. El que se identifiquen con tatuajes específicos y únicos dentro del mundo criminal como el *trébol,* resulta paradójicamente, muy beneficioso para el investigador ya que así se pueden aislar y vigilar de un mejor modo a los miembros y simpatizantes de esta pandilla.

III.2.3. PENI.

Enemigo público número 1. EL creciente grupo racista del sur de California, lugar donde se originó, y ha crecido considerablemente, incluso se ha extendió a los estados vecinos. PENI el nombre de la pandilla, proviene de la banda de punk británica de 1980 *rudimentary peni*. Los miembros originales de PENI, consistían en gran parte de jóvenes blancos, de clase media y alta, activos en la subcultura punk. Sin un propósito claro u orientación, desde el principio, PENI se dividió en 2 campos.

1. La facción del líder Brody Davis, hizo hincapié en el mantenimiento de una organización orientada ideológicamente al poder blanco y *wotanista* y la ideología racista del *círculo ario*, para rechazar el consumo de drogas y la actividad delictiva[136]. Y

2. La otra facción, defendió la realización de más actividades delictivas, uniéndose a la *hermandad aria*, alentando a los miembros a seguir un camino más tradicional, el poder blanco, lo *skinhead* y al mismo tiempo participar en actividades típicas de estos grupos como el consumo excesivo de alcohol y drogas, así como la lucha armada y el uso exclusivo de la violencia.

Algunos de sus tatuajes característicos son los relacionados con la mitología nórdica, así como la bandera confederada. Este grupo funge como brazo armado, artífice y peones de la *hermandad aria*.

---

[136] *Ib.*

III.3.4. C DE CRIPS.

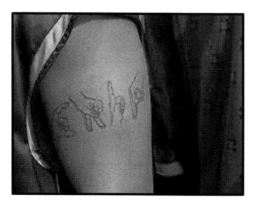

Los *crips*[137] son un conjunto de pandillas formadas por afrodescendientes, pero no exclusivamente. Fundada en Compton, barrio del centro de la ciudad de Los Ángeles en 1969 con el fin de darle batalla a las bandas rivales de la calle vecina. En la actualidad, los *crips* han pasado de ser una alianza de bandas autónomas, a formar una extensa red de grupos vagamente unidos, que en ocasiones luchan entre sí, en violentas guerras internas. La actividad de esta pandilla, tiene sus raíces en una serie de factores que datan de la década de 1950 y 60. El declive económico que conduce a la miseria y el desempleo, la segregación racial que genero la formación de *clubes de calle*, por jóvenes afroamericanos que fueron excluidos de organizaciones como los *boy scouts* o las ligas menos de béisbol cuya consecuencia fue la aparición de organizaciones nacionalistas negras como el *partido de las panteras negras* y el movimiento del *poder negro*.

El nombre original de la alianza era *cribs*; Cunas en español y fue elegido para reflejar la edad de los miembros de la banda ya que en general todos no sobrepasaban los 16 años de edad[138]. El nombre de *cribs* cambió posteriormente al de *crips*, cuando algunos de los miembros claramente ideologizados por el 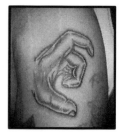 *movimiento de las panteras negras*, buscaron darle un significado político, *common revolution in progress* (revolución en progreso común).

---

137 *V.* National Gang Intelligence Center. op. cit. *passim*

138 Sánchez Alcalde, Ignacio. "Etnografía de la piel: Los tatuajes en los centros de internamiento. Un estudio antropológico de las marcas en los menores infractores". *Revista de Antropología Experimental nº 16*, (2016). pp. 237-249.

Los *crips* son una de las pandillas más extensas y violentas, de los EE.UU. Sus miembros usan como bandera el color azul, que lucen en todas sus prendas, aunque esta práctica ha disminuido debido a las medidas contra pandillas tomadas por parte de la policía y las nuevas divisiones antipandillas. El pañuelo azul, fue usado por primera vez durante un funeral, haciendo alusión a un miembro *crips* fundador, quien solía vestir de este color como parte de su ropa ordinaria cuando fue asesinado a tiros en el año 1973. Sus tatuajes no son específicos, aunque acostumbran tatuarse por lo común la propia palabra, así como la letra C. Su rivalidad se presenta con los *bloods*, otra pandilla de Los Ángeles y su alianza con los *norteños*.

III.3.5. B DE BLOODS.

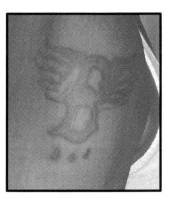

Tatuaje característico de los *bloods*, pandilla compuesta, aunque no exclusivamente de afrodescendientes. Fundada en Los Ángeles; los *sangre*, comprenden varios subgrupos conocidos como *conjuntos*, entre los que existen diferencias significativas, tales como colores, operaciones e ideales políticos que ocasionan conflictos entre sí. La pandilla *bloods*, se formó inicialmente para competir contra la influencia de los *crips*, dentro de la ciudad. La rivalidad se remonta a la década de 1960 cuando varios *crips* fundadores se enfrentaron con estudiantes de *Centennial High School*, en Compton y en respuesta al ataque, se instituyó la banda y el nombre *sangre* alusivo a la palabra venganza.

Inicialmente se formó para proporcionar protección a los estudiantes de dicha escuela, contra los miembros de los *crips*, hasta que veinte jóvenes pertenecientes a los *crips* golpearon y dieron muerte a uno de los estudiantes, por negarse a entregar su chamarra de cuero a uno de ellos. En 1978, había 15 conjuntos *bloods*, pero los *crips* aun superaban en número a los *bloods* en proporción de 3 a 1. Esto provocó que la pandilla de los *sangre* se comportarse cada vez más violenta.

Con el paso de los años todos estos subgrupos conocidos como *conjuntos* se han organizado democráticamente (realizando elecciones y eligiendo a sus representantes y líderes) formando lo que han denominado como la *nación*.

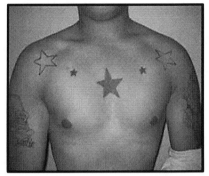

Blood nation[139] o (NBI) término universal utilizado para referirse a los miembros de las distintas pandillas *bloods*, dentro de y fuera de prisión. La NBI inició en 1993 en la isla prisión de Rikers en el estado de New York, como protección ante los ataques de los *latin kings*. Los miembros de esta pandilla pueden identificarse mediante el color rojo, el tatuaje de la palabra *blood*, la letra B, el tatuaje MOB y una estrella roja de 5 picos, indicando su rivalidad con los *reyes latinos*. Las regiones predilectas para dichos tatuajes son: cabeza, cuello, espalda, pecho, vientre y nudillos. Como aliados se pueden considerar a los *norteños*.

III.3.6. MS 13.

Aparece también MS o 13 simplemente. Símbolo de la pandilla *mara salvatrucha*, de El Salvador y Estados vecinos. El pleonasmo pandilleril de la *mara salvatrucha* se creó entre los años 80 y 90s en las calles de Los Ángeles California con el propósito de proteger del maltrato y desprecio ejercido por parte de mexicanos, afrodescendientes o blancos skinhead´s, hacia los jóvenes salvadoreños emigrantes, a causa de la guerra civil en que aquel país se vio envuelto. Normalmente, estos tatuajes se pueden encontrar en cualquier parte del cuerpo, pero más a menudo se encuentran en lugares muy visibles como la cara, las manos o el cuello. El numero 13 representa la letra *m* en el alfabeto de ahí su relación. El 13 no es exclusivo de esta pandilla de

---

[139] *Ib.*

centroamericanos, debido a que es muy común entre otras pandillas de latinos, ya que muchas de ellas provienen del mismo distrito de Los Ángeles California o son afines de la pandilla de prisión: *mm*.

En cuanto a su origen etiológico, el término (A) Mara hace referencia a pandilla y (B) salvatrucha podría deberse al gentilicio despectivo de la clase económicamente baja salvadoreña; salvatrucho. O quisa de deba al termino (a) salva como gentilicio de salvadoreño y (b) trucha que en jerga coloquial indica inteligencia, alerta y astucia.

Los miembros de esta pandilla suelen utilizar como tatuaje característico el símbolo del rock; *los cuernos del diablo*, realizado con las manos por los fanáticos de dicha música, pero algo modificado al abrir un poco más el compás y juntando los dedos medio y anular con el fin de formar una *m* mayúscula invertida. El tatuaje de los 3 puntos y la telaraña son inherentes a esta pandilla puesto que comúnmente todos los miembros, pasan largos periodos en prisión que intercalan con breves periodos de libertad. Aunque no es muy común algunos de sus miembros se han tatuado el escudo nacional de El Salvador.

Una de las principales razones por las cuales los miembros de esta pandilla, presenta en proporción, una mayor cantidad de tatuajes sobre su cuerpo, sobre todos los demás miembros de otras pandillas, es el hecho de que los miembros de la *mara salvatrucha* parecen estar exentos de temor ante la posibilidad de regresar a prisión, pues sus vidas oscilan entre cortos periodos de libertad que intercalan con breves condenas una y otra vez.[140]

III.3.7. CORONA DE 5 PICOS.

Este es uno de los símbolos tatuados en la espalda de uno de los miembros de la pandilla latín kings, una de las bandas más grandes de los EE.UU. y del mundo. pandilla que tiene su origen en los años

---

[140] *Ib.*

80s en los barrios puertorriqueños de las grandes ciudades al norte de ese país. Ciudades como Chicago, new york y Detroit vieron nacer a una pandilla surgida de las persecuciones infligidas por otras pandillas de mexicanos, negros, blancos skinhead´s y jóvenes de origen irlandés hacia jóvenes de origen caribeño.

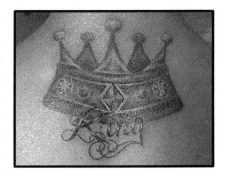

El número con el cual se relacionan las letras l y k es el 15 que se puede encontrar también tatuado en números romanos (XV) así como el rostro de un león que simboliza, al rey de la selva o el acrónimo ALK. Al conjunto de tatuajes utilizado por la pandilla de los reyes latinos se deben sumar los 5 puntos, el tridente con sus picas hacia abajo, indicando su rivalidad con la pandilla de los sureños, de igual manera la bandera de Puerto Rico. El color con el cual se identifican, es el amarillo.

ALK almighty latin king en español (todopoderosos reyes latinos) es una de las maneras para auto referirse al conjunto de miembros de esta agrupación delictiva, dentro de prisión. En los 90 fue cobrando fuerza el sector femenino de la pandilla, por lo que se incluyó su parte en el nombre del grupo, quedando finalmente como almighty latin kings and queens nation, (ALQKN). A los diferentes capítulos de la pandilla llamados clickas, así como a todo el grupo se le denomina nación, por consecuente, el uso de ese término en el nombre.

III.3.8. N 14.

A continuación, se presentan 3 tatuajes, usados por miembros de una pandilla de mexicoestadounidenses (chicanos), surgida en el norte del estado de California. Los tatuajes incluyen la palabra *norteño, nuestra familia,* el símbolo de un águila al cual llaman *huelga bird;* bandera del líder de los derechos civiles y humanos

César Chávez, la letra *n* o el número 14 (por la letra N que es la decimocuarta del alfabeto) el número romano XIV, los 4 puntos y sus miembros se pueden identificar por el color rojo. Enemistados con los *sureños* y aliados de los *crips*. Identificados con la contracultura chicana de los inmigrantes mexicanos al sur de los EE.UU. sus integrantes terceras y cuartas generaciones de indocumentados jornaleros ahora fuertemente enemistados con los nuevos inmigrantes, que, a causa de sus continuos ataques, estos suelen ingresar a las filas de pandillas más afines a los latinos como los *sureños* y *maras salvatruchas,* dando continuidad al círculo interminable de violencia; comunión generalizadora de más pandillas.

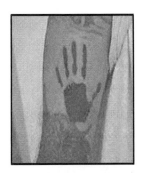  

Hombres violentos altamente temidos que pueden controlar las actividades del mercado negro dentro de la prisión. Regida por fuertes normas, castigadas con la muerte, sus líderes quienes operan a manera de una empresa con estructura lineal en lugar de piramidal no suelen llevar tatuajes, pero sus miembros de más bajo rango llamados soldados, se pueden identificar mediante los siguientes tatuajes: la letra *m,* el contorno de un mano; llamada *la mano negra,* la palabra *emero* o *eme.*

III.3.10. SUR 13.

Los *sureños,* son un grupo de pandillas callejeras hispanoamericanas, originadas en los barrios más bajos del sur del estado de California EE.UU. Sin duda la más numerosa en México y el sur de EE.UU. debido a su diversificación y proliferación, aunque hoy en día existe una fuerte guerra entre células o *clikas,* disputando

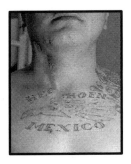

un control territorial cada día más escaso. Existen cientos de pandillas de *sureños* en las calles del sur de los EE.UU. donde cada una de las cuales posee su propia identidad. Las raíces de estas pandillas provienen de la disputa carcelaria entre miembros de la *mafia mexicana* (La M) y *nuestra familia* (NF). Aquellos que habían estado lado a lado con (NF) tenían como enemigos a los *sureños*, los cuales se encontraban principalmente al sur de la ciudad de Los Ángeles. De esta guerra carcelaria resultó la división territorial de California entre los *norteños* y los *sureños*, los primeros alineados con NF y los segundos con *la mm*.

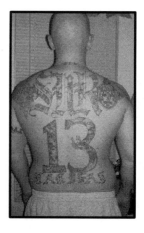

El término *sureño*, fue adoptado por los miembros de las pandillas callejeras de hispanoamericanos, esparcidas a través del sur del país. Los *sureños* son fáciles de identificar, puesto que tienen un número 13 por la letra *m* (de mafia mexicana) al final de sus respectivos nombres, el tatuaje de los 3 puntos, la palabra sur, el numero romano XIII, el logo de *hecho en México* y símbolos alusivos a la cultura mesoamericana como: guerreros águila y jaguar, calendario azteca o el número 13 en maya, etc. Los sureños se identifican con el color azul y se encuentran relacionadas con pandillas como, la *mara salvatrucha*, la *mm* y los *crips*.

III.3.11. NF.

Esta pandilla tiene su origen en la prisión de Folson, California en 1960, en la forma de un movimiento carcelario dirigido por granjeros mexicoestadounidenses (chicanos) o mexicanos nacidos en EE. UU.

Nuestra familia fue creada en respuesta a los terrores perpetrados dentro de las prisiones por la *mafia mexicana*. Estos campesinos o *farm boys* azorados por *la mm*, se organizaron para defenderse. Y su ideología comenzó a tomar forma, mediante una mezcla de, (1) los ideales del líder político César Chávez quien en 1970 paso una temporada dentro de la cárcel del condado de Salinas, su movimiento campesino no violento por los derechos de los trabajadores (United Farm Workers) y (2) el rudo radicalismo carcelario de las *panteras negras*.

FIGURA N° 3
HUELGA BIRD FLAG

Fuente: United Farm Workers

Algunos de los tatuajes usados por esta pandilla son: la palabra Salinas, nuestra familia, nf, family power el sombrero con el machete cruzado que simboliza sus raíces campesinas, la bandera del águila *huelga biar* y aunque no es común los integrantes suelen tatuarse el rostro de Cesar Chávez.

Su enemistad con los *sureños* comenzó a principios de los 80s cuando miembros de esta pandilla comenzaron a reclutar jóvenes en los condados del norte del estado, que desemboco en una guerra civil entre los nativos chicanos *norteños* y los fuereños o inmigrantes *sureños*.

El tatuaje y la perforación, como símbolos de estigma, al igual que todos los símbolos del cuerpo, están sujetos a diferentes interpretaciones y valoraciones. Así, lo que para algunos representan símbolos de estigma, para otros se constituye en símbolos de prestigio.

Cupatitzio Piña Mendoza.

CAPITULO IV

LA MÁXIMA EXPRESIÓN DE LAS SUBCULTURAS CRIMINALES TATUADAS

IV.1. INTRODUCCIÓN.

El ser humano se constituye como un ser dialectico, porque dialoga, se comunica. El acto de comunicarnos se encuentra de manera innata inmerso en nuestro ser. Afirman los psicólogos y lingüistas que tan solo un 17% del mensaje es transmitido mediante el lenguaje oral, el otro 13% se relaciona con el tono y la cadencia. Pero qué pasa con ese 70% que domina nuestra comunicación. El lenguaje corporal, la kinésica, la proxemia y la paralingüística se presentan como los principales componentes de un mensaje.

Qué pasa con el mensaje no escrito, ni oral; nos referimos aquel mensaje que se transmite mediante el movimiento del cuerpo y que, si bien se percibe gracias al sentido de la vista, es con el movimiento o la apariencia de este lo que constituye el mensaje. Es así como el hombre ha buscado distintas formas de comunicarse a través de la evolución y de los siglos. El código morse y el lenguaje de señas se identifican como formas aceptadas de comunicación especializada, que, si bien todos conocemos, pocos saben interpretar. De la misma manera se presenta el lenguaje pictórico que todos conocemos, pero pocos saben interpretar.

IV.2. LA SUBCULTURA DEL TATUAJE SOVIÉTICO.

El tatuaje criminal soviético, se origina después del acto antisocial, cumple la función de una medalla, conmemorando el comportamiento dañino. Aunque las cifras oficiales no lo demuestren, el conjunto de países que formaban la ex unión soviética, posee una población penitenciaria cercana a los cinco millones de presos[141] (prácticamente un país de prisioneros), los

---

[141] *V.* Walmsley Roy. *World Prison Population List* (tenth edition) (Essex, UK.: Intertional Center For Prision Studies (ICPS). 2013). Edición en PDF.

cuales han formado toda una cultura subterránea basada en el honor y el poder que se obtiene a la fuerza. Las prisiones rusas tienen una historia única e intrincada en materia de los tatuajes de prisión. Cada uno con su propio significado, pues mediante el tatuaje carcelario se obtiene o se transmite información entre presos, siendo esta simbología su carta de presentación.

El *crimen organizado*[142] ha existido en Rusia desde tiempos de *zares*. En aquel entonces solía tatuarse una *cruz ortodoxa* sobre la mano izquierda de los soldados desertores sentenciados a trabajos forzados en algún *gulag*, de igual manera se tatuaba la palabra *vor* que en español significa ladrón, a dichos delincuentes. Fue de esta manera como todo comenzó. Los grupos de criminales, semi organizados no eran más que sindicatos de ladrones, carteristas, y en ocasiones asesinos, quienes buscaron una manera de identificarse entre sí, para guardarse respeto o subyugarse, incluso para obtener nuevas conexiones con otro tipo de criminales, todo esto de manera codificada mientras cumplían su condena en una de las tantas cárceles de Siberia[143]. Con la caída de la *unión soviética* estos grupos de criminales fueron ganando notoriedad y poder alrededor del mundo.[144]

En las prisiones soviéticas a menudo se mantenía un estricto control marcial sobre los presos, en muchos casos imponiendo el *silencio auburiano*. De este modo los reos podían conocer la historia

---

[142] Al tipo de operaciones criminales provenientes de las mafias se les denomina crimen organizado, que se relaciona con las palabras, asociación, sociedad, corporación, gremio, coalición y sindicato. Cuando la delincuencia común llega a tal extremo de perfeccionamiento. Cuando rebasa los límites del control gubernamental y además controla una parte de él. Cuando se establecen complicadas líneas de operación bien estructuradas de tipo empresarial, que persiguen como objetivos principales la acumulación de exorbitantes cantidades económicas, de poder político, social y religioso, es cuando sin lugar a dudas estaremos en presencia de delincuencia organizada. *V.* Bruccet Anaya, *op. cit.*, p. 49.

[143] *Ibid.*, pp. 139 y 140.

[144] *S.a.* "Arkady Bronnikov: Russian Criminal Tattoo Archive". *Fuel* (Blog). Dirección en internet: http://fuel-design.com/russian-criminal-tattoo-archive/biographies/arkady-bronnikov/ (Consultado, 23/01/2019).

criminal de sus compañeros sin hablar. Además, en el submundo criminal, suele considerarse como ofensa, preguntar por el motivo del encarcelamiento o por la vida criminal del mismo, de esta manera, el tatuaje permite hacer un reconocimiento silencioso y discreto. Así fue, como el tatuaje carcelario soviético, alcanzo su más alto grado de sofisticación. Desde entonces se puede identificar con empírica precisión a individuos antisociales mediante sus tatuajes. Generalmente el tatuaje más importante para un preso, el cual porta con más orgullo se puede encontrar sobre el pecho y los hombros. Los tatuajes de un preso ruso, cuentan su vida criminal, todos son alegóricos, llenos de simbología, en algunos casos un tanto irónicos.

La *mafia rusa*, denominada *bratva* palabra en ruso que significa: hermandad de criminales, al igual que todas las mafias del mundo se divide en grupos, que se disputan los territorios, rutas de tráfico, influencias geopolíticas, etc. La *bratva* haciendo una comparación con la palabra *cartel*, para hacer alusión a un grupo criminal en México, se debe entender como una denominación y al igual que en nuestro país, sufre la hegemonía de muchos carteles, toda la ex unión soviética se encuentra bajo el yugo de muchas *bratvas*.

La *bratva* más poderosa de todas dentro y fuera de prisión, es la denominada *vor v zakone*, que significa; ladrón de ley, la cual posee un asombroso parecido con otra mafia; la japonesa o *yakuza*. Los *vor v zakone* tienen su origen en la revolución bolchevique de principios del siglo XX, regidos por un código de conducta sumamente estricto, se puede decir que siguen un orden parecido al jurídico, con jueces, abogados y castigos para resolver disputas. Su rango, actividades, preferencia sexual, logros, gustos, vicios, pasajes del pasado, familia y familiares, aptitudes y actitudes se pueden distinguir mediante el uso de una diversidad abismal de cientos de tatuajes.

La secta criminal de la *bratva*, los *vor v zakone* tienen presencia en América desde Colombia hasta Canadá y en el territorio mexicano, los podemos encontrar en 2 paraísos turísticos como lo son (1) Cancún en el estado de Quintana Roo y (2) Los Cabos en el estado de Baja California Sur, donde son responsables de la trata de mujeres de Europa del este, a los prostíbulos y clubes nocturnos de nuestro país y de algunos de sus miembros hemos de tomar como ejemplos los siguientes tatuajes.

CUADRO N° 7
RUSSIAN CRIMINAL TATTOO POLICE FILES VOLUME 1
DELINCUENTES CONTRA EL PATRIMONIO

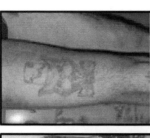

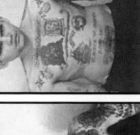
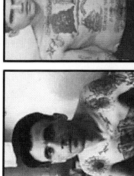

Araña en su tela: indica que el preso es un ladrón,

- Araña con la mira hacia arriba, indica que es un ladrón en activo.
- Araña con la mira hacia abajo, indica que el portador fue un ladrón en el pasado.

Gato: Un solo gato significa que el preso es un ladrón que llevó a cabo un robo con éxito. Si hay varios gatos, significa que el ladrón actuó en compañía de otros. Si el gato lleva un cascabel, significa que tuvo suerte, es decir que, aunque lo capturaron, la policía no encontró el botín.

Barco pirata. Un barco con las velas desplegadas, indica que es un ladrón el cual suele viajar para cometer sus robos.

Víbora: Tatuada sobre el antebrazo representa la tentación para el ladrón.

Dragón: ladrón que ha robado al Estado.

Pirata: encontrado en ladrones nómadas, que buscan aventuras y toman riesgos.

Fuente: propia, adaptada de Arkady Bronnikov. Russian Criminal Tattoo Archive.

145

---

[145] CUADRO N° 7. RUSSIAN CRIMINAL TATTOO POLICE FILES VOLUME 1.
DELINCUENTES CONTRA EL PATRIMONIO

CUADRO N° 8
RUSSIAN CRIMINAL TATTOO POLICE FILES VOLUME 1
DELATORES O INFORMANTES & IRREVERENCIAS

Caras de líderes comunistas: Se consideraban un signo sagrado de protección. Se suelen dibujar sobre los órganos vitales del preso a modo de protección contra ataques del ejército o policía, quienes tenían prohibido destruir las imágenes de los padres de la patria.

Fechas: una serie de 3 números seguidos por una cruz ortodoxa inciden la fecha de nacimiento del preso.

Simbología nacionalsocialista: La simbología nazi indica rebelión contra el sistema comunista.

Runas: Las runas indican que el preso no confesó nunca, ni delato a sus cómplices.

Ojos: *lo veo todo, nadie me delatara*. Solo si se encuentran en el pecho, el individuo funge como un vigía o supervisor.

Rombos: Tatuaje aplicado a la fuerza sobre los soplones, delatores e informadores.

Fuente: propia, adaptada de Arkady Bronnikov: Russian Criminal Tattoo Archive.

146

---

[146] **CUADRO N° 8. RUSSIAN CRIMINAL TATTOO POLICE FILES VOLUME 1. DELATORES O INFORMANTES & IRREVERENCIAS**

CUADRO N° 9
RUSSIAN CRIMINAL TATTOO POLICE FILES VOLUME 1
DELINCUENTES SEXUALES Y DESVIADOS & FALSIFICADORES DE BILLETES Y DEUDORES

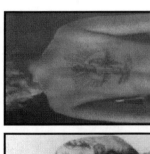
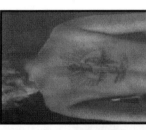
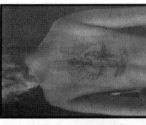

Billete: significa que el portador en algún momento se dedicó o se dedica a la falsificación de billetes.

Tatuaje pornográfico: Indica que el portador tiene deudas de juego pendientes.

Corazones: Tatuaje aplicado a la fuerza sobre homosexuales pasivos o delincuentes sexuales.

Palo de corazones: tatuaje aplicado a la fuerza y significa esclavo sexual

Crucifijo torcido y en la espalda: indica que el portador es un delincuente sexual.

Ojos sobre el vientre: indican que el preso es homosexual.

Mujer alambrada: el delincuente es un homosexual pasivo.

Mujer con el vestido levantado: violador de mujeres jóvenes.

Sirena: tatuado a la fuerza sobre pederastas.

Águila con mujer en las garras: violador en activo.

Corazón: tatuaje que funge como recordatorio al portador que ha forzado a una mujer a tener relaciones sexuales.

Fuente: propia. adaptada de Arkady Bronnikov: Russian Criminal Tattoo Archive.

147

---

147 CUADRO N° 9. RUSSIAN CRIMINAL TATTOO POLICE FILES VOLUME 1. DELINCUENTES SEXUALES Y DESVIADOS & FALSIFICADORES DE BILLETES Y DEUDORES

CUADRO N° 10
RUSSIAN CRIMINAL TATTOO POLICE FILES VOLUME 1
PRISIONES & CONDENAS

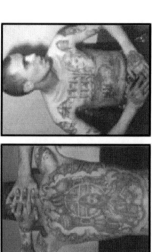

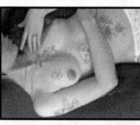
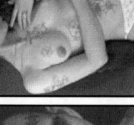
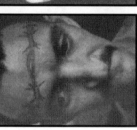

Alambre de púas: Suele llevarse en la frente e indica que el preso ha sido condenado a cadena perpetua.

Rosa alambrada: El portador estuvo encarcelado antes de cumplir 20 años y por lo tanto es un criminal desde corta edad.

Barco pesquero: Deseos de fuga. Pájaros: volando indican deseos de libertad anhelada. Estatua de la libertad: sueños de libertad a cualquier costo.

Mariposas: Indican que el portador es un especialista en fugas. Querubines pensativos: Significan hacienda de tiempo.

Sol naciente con pájaros: Ansias de libertad. Indican que el preso está dispuesto a intentar un plan de fuga.

Iglesia: El número de cúpulas de la misma indica el número de condenas del preso. Grilletes: sobre las manos indican penas de 5 años.

Campanas: El preso no tiene posibilidad de libertad condicional y solo espera a que suene la campana.

Calavera pirata: el poseedor de este tatuaje ha sido condenado a cadena perpetua.

Lápidas: generalmente las fechas de las lápidas, representan los años en los cuales el preso ingresó y salió de prisión.

Rejas y celdas: historia de una vida en prisión, pues se ha pasado más tiempo encerrado que en libertad. (La cárcel es mi hogar).

Vírgenes con un bebé: tatuada en brazo indican que el preso es un delincuente desde una edad muy temprana.

Fuente: propia, adaptada de Arkady Bronnikov: Russian Criminal Tattoo Archive.

148

CUADRO N° 11
RUSSIAN CRIMINAL TATTOO POLICE FILES VOLUME 1
DELINCUENTES DE ALTO RANGO DENTRO DE LA PIRÁMIDE CRIMINAL

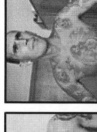
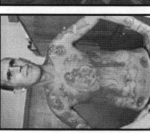
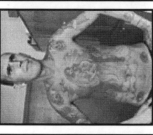
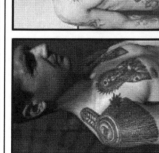

Galones: Tatuajes al estilo de galones (hombreras) como las de los uniformes militares, indican que el reo es un criminal de alto grado.

Crucifijos: Según su colocación. Sobre el pecho indica que el portador es o era el jefe de una banda de ladrones.

Virgen o santo: sobre el pecho se considera como un tatuaje bien visto en la comunidad carcelaria pues platea una promesa de honor y lealtad al líder de su banda.

Estrellas: Señal inequívoca de un vor, ladrón de ley. Indican que el preso es un vor o v zakone. Según su colocación:

* Corazón: compromiso con el modo de vida criminal.
* Pecho: rango medio en la pirámide criminal.
* Rodillas: indican que el preso no se arrodillará ante nadie ni ante nadie. Se encuentra en la cima de la pirámide criminal, siendo del número más alto 5 estrellas, hombros corazón y rodillas.

Generalmente el número de estrellas indican el rango del criminal, siendo del número más alto 5 estrellas, hombros corazón y rodillas.

Águilas aleatinas: Tatuadas sobre el pecho significan un grado muy alto en la pirámide criminal.

Fuente: propia, adaptada de Arkady Bronnikov: Russian Criminal Tattoo Archive.

149

---

[149] CUADRO N° 11. RUSSIAN CRIMINAL TATTOO POLICE FILES VOLUME 1. DELINCUENTES DE ALTO RANGO DENTRO DE LA PIRÁMIDE CRIMINAL

CUADRO Nº 12
RUSSIAN CRIMINAL TATTOO POLICE FILES VOLUME 1
DROGODEPENDIENTES Y DELINCUENTES CONTRA LA SALUD

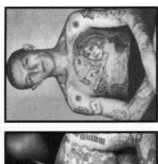

Serpientes: Normalmente colocadas alrededor del cuello o de los hombros del delincuente, simbolizan que se encuentra enredado y sometido al consumo de alguna droga.

Araña sin tela: Puede indicar que el preso es un drogadicto.

Genio: Indica una condena por tráfico de drogas.

Fuente: propia, adaptada de Arkady Bronnikov: Russian Criminal Tattoo Archive.

150

---

150 CUADRO Nº 12. RUSSIAN CRIMINAL TATTOO POLICE FILES VOLUME 1. DROGODEPENDIENTES Y DELINCUENTES CONTRA LA SALUD.

128

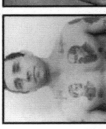
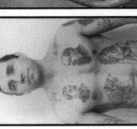
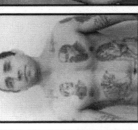
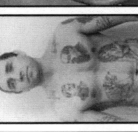
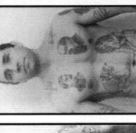
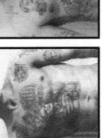

CUADRO N° 13
RUSSIAN CRIMINAL TATTOO POLICE FILES VOLUME 1
VIOLENTOS Y MUY PELIGROSOS.

Tigre: Conducta violenta contra policías, militares o guardias de prisión
Velas consumidas: Indican una conducta violenta del portador.
Dagas: Si están colocadas sobre los hombros o atravesando el cuello con sangre en la punta indican, que el portador es un asesino a sueldo. Generalmente el número de gotas de sangre indican el número de homicidios.
Caballeros cruzados: Indican crímenes violentos normalmente de corte racista.
Calaveras: Sirven para designar a los asesinos, si se encuentran tatuadas en los dedos, cada calavera simboliza un homicidio.
Verdugo encapuchado: plasmado en individuos quienes han matado a un miembro de su propia familia o bien a un delator.
Mujer en la hoguera: Feminicidio.
Cara de demonio: El individuo ha matado a un guardia mientras se encontraba encerrado.
243: artículo del código penal del estado de California EE.UU. que simboliza que el preso ha matado a un policía.
MIR: jerga en ruso que se traduce como solo el pelotón de fusilamiento podrá reformarme. Tatuado sobre criminales habituales.

Fuente: propia, adaptada de Arkady Bronnikov: Russian Criminal Tattoo Archive.

151

---

151 CUADRO N° 13. RUSSIAN CRIMINAL TATTOO POLICE FILES VOLUME 1.
VIOLENTOS Y MUY PELIGROSOS.

Arkady Bronnikov, es considerado como el principal experto de Rusia sobre la iconografía del tatuaje, quien durante más de 30 años visitó instituciones correccionales en las regiones Urales y siberianas para entrevistarse y reunir información, tomando fotografías de los convictos[152]. En 1980 pública una antología de nombre *russian criminal tattoo police files*, que contiene una colección de 180 fotografías de criminales, que cumplían sentencia en instituciones penales soviéticas y de las cuales se extrajeron las fotografías antes mostradas[153]. La información recabada por Bronnikov se utilizó para resolver casos criminales, mediante el uso de su colección de tatuajes al identificar culpables y reconocer cadáveres.

IV.3. LA SUBCULTURA DEL TATUAJE JAPONÉS.

Desde otro ámbito, el fotógrafo belga Anton Kusters, convivio con miembros *yakusa* durante 2 años. Penetró con su cámara, en estancias llenas de humo, asistió a rituales privados, paseó por campos de entrenamiento en paradero desconocido y se coló en el funeral de un alto cabecilla. Publicando en el 2011 el libro *odo yakuza tokyo.*[154]

La *mafia japonesa*, denominada *yakuza*, una las mafias más temibles de todo el mundo. *Yakuza* que en japonés significa; mafia. Se divide en clanes, donde el peor de los trecientos clanes identificados, es el clan de los *Yamaguchi gumi,* que tiene su origen en un sindicato de pescadores, tomando como nombre, el apellido de su fundador.

---

[152] *S.a. Arkady Bronnikov: Russian Criminal Tattoo Archive...*
[153] Mączewski, Paweł. *El lenguaje secreto de los tatuajes en las prisiones rusas...*
[154] *S.a.* "Yakuza: un fotógrafo belga desmiente estereotipos sobre la mafia japonesa". *Actualidad RT* (Blog). Dirección en internet: https://actualidad.rt.com/sociedad/184920-fotos-yakuza-desmiente (Consultado, 23/01/2019).

La etiología de la palabra *yakuza* tiene como génesis el juego de cartas japonés *uta garuta*, donde la serie de números 8, 9 y 3 es la peor mano. En el lenguaje japonés el número 8 se pronuncia *yatt*, el numero 9 *ku*, y el 3 *san*. Los miembros de estas mafias se caracterizan por sus tatuajes sobre casi todo el cuerpo y la falta de algunas falanges de los dedos de las manos, de aquellos miembros que han cometido algún error. En el territorio mexicano 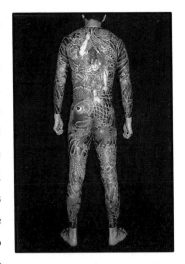 estas mafias tienen presencia en la Ciudad de México, fungiendo como uno de los principales importadores de materiales sintéticos, plásticos, fauna y tecnología de contrabando, proveniente del continente asiático.

En el antiguo Japón, quienes llevaban tatuajes lo hacían para distinguirse como delincuentes y los *yakuza* han hecho del acto ritual de tatuarse llamado *irezumi*, una prueba de virilidad, puesto que se demuestra la capacidad para soportar el sufrimiento, aguantando largas y dolorosas sesiones de tatuaje; símbolos de compromiso con la banda. Hoy día en muchos lugares de Japón, está prohibido mostrar estos tatuajes rituales en público, excepto durante un festival al año. Sus tatuajes cubren casi todo el cuerpo a excepción de la cara, las manos y los pies, entrelazado los dibujos de flores, animales, semidioses y demonios, algunos incluyen dragones y referencias a guerreros samuráis, el sol naciente y otros elementos de la cultura nipona y oriental. Los *yakuza* tienen casi todo su cuerpo tatuado, pero el número de tatuajes no crea la diferencia entre los miembros de un clan, es decir no es más importante, el que más lleva.[155]

---

[155] Kusters Anton. "Odo Yakuza Tokyo". *antonkusters.com* (Blog). Dirección en internet: https://antonkusters.com/yakuza/ (Consultado, 23/01/2019).

LA MÁXIMA EXPRESIÓN DE LAS SUBCULTURAS CRIMINALES TATUADAS

Los tatuajes dentro de la organización pueden revelar muchas veces, el rango dentro de la pirámide criminal, el clan al que se pertenece o el lema de dicho clan, pero con mayor seguridad, reflejan las proyecciones del portador y la inclinación por tatuarse aquello con lo que más se identifica. Los símbolos de su identidad son: sus tatuajes rituales, la moda, las sedas, las gafas negras, el pelo corto y su gusto por los automóviles de lujo alemanes. Los jóvenes visten al estilo *hip hop*, son más violentos y descontrolados que los miembros de antaño.

Irezumi, el nombre del tatuaje japonés clásico y tradicional, se limita a la variada flora y fauna oriental, a los motivos religiosos y a la representación de los héroes y figuras populares, todos los cuales poseen cualidades simbólicas particulares. A continuación, algunos ejemplos:

1. **Dragón:** Simbólicamente, denota la riqueza y es un monstruo que saca fuerza de todas las criaturas que lo forman. Es una serpiente que tiene los cuernos de un ciervo, las escamas de una carpa, las garras de águila, la nariz de un duende, las patillas y el bigote de un sabio. Vive en el aire y en el agua. Se considera que ofrecen protección contra el fuego.

2. **Carpa koi:** por lo general se relaciona con muchos significados tales como: la sabiduría, lealtad, fuerza, lucha, esfuerzo, determinación, longevidad y capacidad de anteponerse a los problemas (Resiliente). Protagonista de muchas leyendas, donde se revela, persevera y al final se sacrifica por los demás. Recompensada por los dioses transformándola en dragón.

3. **Águila:** Denota las cualidades de la valentía y la nobleza.

4. **León:** también conocido como perro *chino*, simboliza la protección.

5. **Tigre:** animal majestuoso, representa poder, fuerza y venganza. Los héroes rebeldes de la novela japonés histórica

a la orilla del agua tenían un tigre tatuado en la espalda. Ahora los *yakuza* han copiado este símbolo.

6. **Flor peonía:** Simboliza la riqueza y la buena fortuna.

7. **Flor del crisantemo:** simboliza la firmeza y la determinación.

8. **Flor de loto:** representa la pureza espiritual. Según el color, atribuyen diversos significados.

    - Azul, representa sabiduría y conocimiento.

    - Blanco, símbolo de pureza y unión entre el cuerpo y la mente.

    - Rojo, encarna la inocencia, el amor y la pasión.

    - Rosa, se utiliza para representar la divinidad.

9. **Flor del cerezo:** es el símbolo de todo lo que es transitorio y efímero en la vida. El *samurái*, adoptó la flor de cerezo como una insignia personal, lo que indica que podrían morir en la batalla o al día siguiente.

10. **Máscaras hannya:** representan a mujeres que, por amor, odio, celos, rabia, etc. se convierten en seres horribles. La leyenda *hannya*: es la historia de una joven que se enamoró de un hombre budista, pero al confesarle sus sentimientos este la rechazó y lo mato. Suele representarse con cuerpo de dragón o de serpiente. Su significado se interpreta como, *gracias a la culpa de los sentimientos negativos se muestra el monstruo interior que todos llevamos dentro*. En cuanto al color de la máscara, varía según el rango social de la mujer. Los tonos claros pertenecen a una mujer de la aristocracia, los tonos rosados se atribuyen a mujeres de clase baja. Cuando la máscara es de un rojo intenso, representa un demonio verdadero, mientras que tonos más oscuros hacen referencia a un mayor grado de odio y violencia por parte de quien lleva la máscara.

11. **Enma O:** rey del infierno, que junto a sus ayudantes descuartiza a todos aquellos que hayan tenido una vida llena de pecados.

12. **Daikokuten:** Dios de la gran oscuridad, de la abundancia, riqueza y de los comerciantes y campesinos.
13. **Muñecos Daruma:** Figuras volitivas sin brazos ni piernas, que representan la leyenda del maestro Daruma, quien perdió los brazos y las piernas de estar tantos años escondido en una cueva meditando y sin utilizarlos.
14. **Kintaro:** según la leyenda era un niño *sumo*, fuerte y robusto que venció a un oso durante un combate, demostrando que nadie podía rivalizar con él.

Por último, el investigador debe tener presente que los tatuajes *yakuza* están basados en antiguas leyendas japonesas, por lo cual el conocimiento de la cultura japonesa es el mejor medio para descifrar sus símbolos.

El español Yori Moriarty, quien paso casi 10 años entre Japón y España aprendiendo el milenario arte del *irezumi*, alcanzando el máximo grado de maestro tatuador japonés. En el año 2015 publica el primer libro en español sobre la cultura japonesa, llamado *irezumi itai, tatuaje tradicional japonés*, abarcando temas de sumo interés para la criminología como pueden ser *geishas*, tatuadas con el nombre de sus clientes o lenones, tatuajes que indican el rango social, los tatuajes más escogidos por los *yakuzas* y la información necesaria para adentrarse en la simbología y mitología que hay oculta detrás de cada imagen, desvelando el significado de cada tatuaje al ser combinado con otros elementos.[156]

---

[156] *S.a.* "Yori Moriarty". Satori. Dirección en internet: http://satoriediciones.com/escritor/yori-moriarty/ (Consultado, 23/01/2019).

A pesar de las estrictas prohibiciones, muchos presos logran eludir la seguridad y decorar sus cuerpos con dibujos de escaso valor artístico, pero con una gran carga simbólica.

Javier Mínguez.

CAPITULO V

EL TATUADOR CRIMINAL

V.1. INTRODUCCIÓN.

El perfil, la biotipología, el modus operandi, los instrumentos, los medios necesarios para marcar la piel y su prevención, se encuentran inherentemente relacionados con una futura criminología especializada, llamada *criminología penitenciaria,* de la que habla Wael Hikal. Una criminología necesitada de conocimiento, que se nutre de la información otorgada por los propios presos. Criminología especializada que comprueba dicha información, la analiza, determina su utilidad y aplica sus conocimientos para la mejora de los internos. El presente capitulo tiene por objeto de estudio al *tatuador criminal* y por objetivo; contribuir a la especialización de la criminología en una criminología penitenciaria.

V.2. EL TATUADOR SENTENCIADO.

Un tatuador en la cárcel, es como un confesor que dibuja la historia de un hombre encima de su cuerpo, y al hacer esto puede cobrar por su trabajo y lo convierte así en un oficio. En lo general el tatuador dentro de la cárcel es un preso de entre 25 y 35 años, quien gustaba de expresarse por medio del grafiti durante su adolescencia y ahora siendo adulto continúa con una pasión por el dibujo a lápiz. Adicto a la marihuana, hierba que utiliza a manera de inspiración, debido a sus propiedades alucinógenas que, según él, favorecen la culminación del tatuaje. Este reo trabaja dentro de las celdas más oscuras y alejadas de la vista de los guardias y de las cámaras de la institución. Con un modus operandi definido y en colaboración de al menos otros 2 presos más, que le sirven de vigías, ante la posibilidad de ser descubierto por los guardias de la prisión. En el caso de que el tatuador se encuentre en peligro de ser descubierto, sus vigías suelen silbar para dar aviso. Mientras que en casos extremos este acostumbra esconder la maquina en su cavidad rectal, sin ninguna consideración higiénica para su salud o la de los otros presos y futuros clientes.

Richard S, Post, lo explica de la siguiente manera:

> *En la cárcel, los tatuajes institucionales son infligidos por el preso mismo, o por otro aficionado. Esto es muy común en la institución penal estadounidense. Los diseños consisten solo de esquemas, sin colores o sombreado. Los métodos empleados en la aplicación de estos tatuajes son crudos, por lo general una aguja de coser, un alfiler recto, o la esquina de una hoja de afeitar, se utiliza para introducir el colorante en la piel. El colorante consiste en tintas para escribir o mezclas de mina de lápiz, cenizas de cigarrillo, cenizas de papel quemado o sustancias similares. Este polvo se mezcla con agua o saliva para hacer una tinta. El proceso con bastante frecuencia produce infecciones de bajo grado, las cuales el preso es reacio a informar a causa de reglamentos que prohíben este tipo de prácticas en la mayoría instituciones.*[157]

Al convertirse en ilícito esta conducta, al interior de las prisiones se hace muy difícil, conseguir el material idóneo, estéril y homologado para realizar los tatuajes. Por ende, los presos han hecho de esto una verdadera suerte de alquimia, pues extraen sus materiales de las más diversas y bizarras fuentes, las cuales suelen estar justo al alcance y delante del rostro del investigador. Por eso tanto las máquinas, como las tintas son en la mayoría de las ocasiones, de fabricación casera o carcelaria en este caso.

V.3. LA MÁQUINA DE TATUAJES.

A finales de 1800, las primeras máquinas de tatuajes aparecieron. Funcionaban con baterías y bajo los principios del electromagnetismo. La primera de estas máquinas fue patentada en el año de 1891, por el inventor estadounidense, Samuel O´reilly. Aunque el patentó la primera máquina, antes ya existían varios trabajos previos como, los de Thomas Alva Edison (autographic printing pen) que buscaba un dispositivo mecánico que sustituyera al tintero y la pluma y además perforase diseños en hojas de papel. Hoy en día, el ingenio humano nunca deja de sorprender, desafortunadamente la gran mayoría de las veces con una connotación negativa.

---

[157] *V.* Post, S, Richard, *op. cit.*, *pp.* 517 y 518.

A continuación, se presenta una serie de pasos y datos sobre los cuales el reo tatuador, crea de una lista de elementos muy comunes, una máquina para tatuar[158] así como la tinta utilizada. Puesto que hoy en día rara vez la práctica del tatuaje funciona a mano alzada.

Para la fabricación de las máquinas se valen de tenedores, cucharas o cepillos dentales usados y moldeados a manera de mango de soporte. Utilizan el mango de estos para doblarlo con la ayuda de un encendedor y creando una forma de *l* mayúscula invertida para la base y soporte del pequeño motor. Este motor, lo suelen conseguir desmontando aparatos reproductores de música como el dispositivo *walkman y discman,* que cuenta con un pequeño motor de bobina de 24 *volts,* el cual hace que el disco gire. Extraídos de antiguas grabadoras, otros motores los pueden extraer de afeitadoras eléctricas giratorias o incluso de algunos juguetes como es el caso de helicópteros de hélice a control remoto o autos a control remoto.

Como guía para la aguja suelen utilizar cualquier bolígrafo, portaminas o popote rígido, el cual sujetan al mango, igual que el motor, con cinta de aislar. Para la llamada aguja, contrabandean o roban del taller de música, cuerdas de guitarra, las cuales templan con la llama del encendedor y afilan frotándolas contra la pared de su celda. Esta se coloca dentro del tubo guía y se crea en el extremo opuesto al filo otra forma de *L* invertida, la cual se inserta en un botón de camisa previamente colocado en él tuvo saliente el motor. El botón que cumple la función de un eje excéntrico a la manera de los pedales de una bicicleta sube y baja la aguja. Finalmente, como fuente de energía el motor va enganchado a una batería de celular si es posible. Otras fuentes pueden ser baterías, cables de corriente para celular o diversos aparatos.

Debido a la calidad y el acabado tan arcaico de la máquina, este puede ser uno de los factores que influyen en las diferencias

---

[158] *S.a.* "Cómo hacer una máquina para tatuajes". *wikiHow* (Blog). Dirección en internet: https://es.wikihow.com/hacer-una-m%C3%A1quina-para-tatuajes (Consultado, 23/01/2019).

entre el tatuaje criminal no tan preciso y definido a comparación con el tatuaje civil y todos sus elementos tan modernos y profesionales.

A continuación, se presenta una serie de tablas que muestran los pasos a seguir para construir una máquina de tatuajes casera:

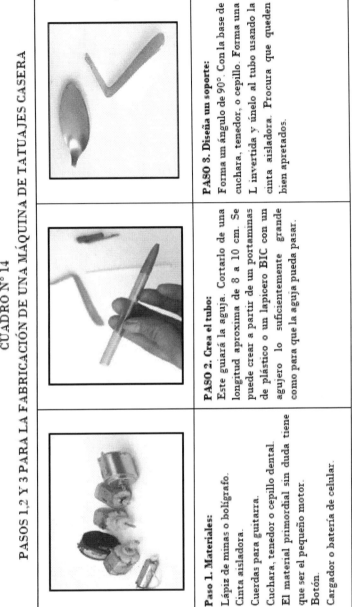

CUADRO N° 14

PASOS 1,2 Y 3 PARA LA FABRICACIÓN DE UNA MÁQUINA DE TATUAJES CASERA

Paso 1. Materiales:
Lápiz de minas o bolígrafo.
Cinta aisladora.
Cuerdas para guitarra.
Cuchara, tenedor o cepillo dental.
El material primordial sin duda tiene que ser el pequeño motor.
Botón.
Cargador o batería de celular.

PASO 2. Crea el tubo:
Este guiará la aguja. Cortarlo de una longitud aproxima de 8 a 10 cm. Se puede crear a partir de un portaminas de plástico o un lapicero BIC con un agujero lo suficientemente grande como para que la aguja pueda pasar.

PASO 3. Diseña un soporte:
Forma un ángulo de 90°. Con la base de cuchara, tenedor, o cepillo. Forma una L invertida y únelo al tubo usando la cinta aisladora. Procura que queden bien apretados.

Fuente: propia, adaptada de wikiHow

159

CUADRO N° 15

PASOS 4,5 Y 6 PARA LA FABRICACIÓN DE UNA MÁQUINA DE TATUAJES CASERA

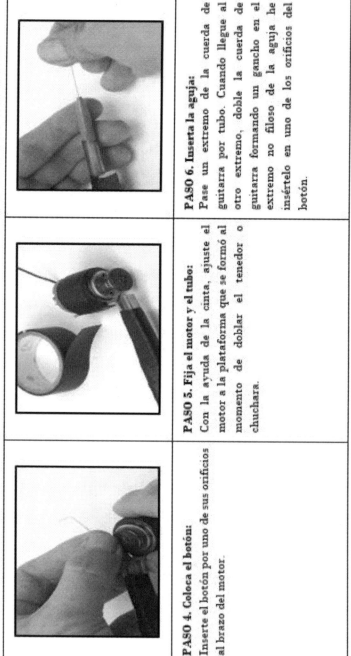

PASO 6. Inserta la aguja:
Pase un extremo de la cuerda de guitarra por tubo. Cuando llegue al otro extremo, doble la cuerda de guitarra formando un gancho en el extremo no filoso de la aguja he insértelo en uno de los orificios del botón.

PASO 5. Fija el motor y el tubo:
Con la ayuda de la cinta, ajuste el motor a la plataforma que se formó al momento de doblar el tenedor o chuchara.

PASO 4. Coloca el botón:
Inserte el botón por uno de sus orificios al brazo del motor.

Fuente: propia, adaptada de wikiHow

160

---

[160] CUADRO N° 15. PASOS 4,5 Y 6 PARA LA FABRICACIÓN DE UNA MÁQUINA DE TATUAJES CASERA

CUADRO N° 16

PASOS 7,8 Y 9 PARA LA FABRICACIÓN DE UNA MÁQUINA DE TATUAJES CASERA

PASO 7. Fuente de energía:
Conecte la polaridad del motor a cualquier fuente de energía menor a su capacidad, entre 12 y 18 voltios. Pueden ser de utilidad cargadores de todo tipo, así como algunas pilas y baterías.

PASO 8. Prueba:
Encienda la máquina y compruebe que la aguja suba y baje en línea recta con la suficiente fuerza y velocidad necesaria para penetrar la corteza de una naranja.

PASO 9. Finalización:
Si la máquina carece de la fuerza y velocidad necesaria para penetrar la corteza de la naranja, cambie el motor y la fuente de energía, por uno de mayor capacidad.

Fuente: propia, adaptada de wikiHow

161

---

[161] CUADRO N° 16. PASOS 7,8 Y 9 PARA LA FABRICACIÓN DE UNA MÁQUINA DE TATUAJES CASERA

V.4. LA TINTA.

En libertad es un hecho que las distintas tintas harán que un mismo tatuaje se vea completamente diferente, ya sea opaco, brillante, nítido o borroso, pero también pueden afectar el cuerpo de distintas formas. Dependiendo de la tinta empleada, el tatuaje de una persona puede tener o no reacciones alérgicas como, picazón, ardor, enrojecimiento o ampulaciones en el organismo.

En el año 2012 la Administración de Alimentos y Medicamentos (FDA) determina mediante diversos estudios relacionados con tintas para tatuajes contaminadas, los riesgos que existen para la salud[162]. La gran mayoría de las tintas, están hechas a base de pigmentos derivados de metales, lo que los hace propensos a causar reacciones cutáneas. A su vez, cada color está formado por distintos compuestos. Aclaremos que también existen tintas sin pigmentos derivados del metal, que son menos propensas a reacciones alérgicas, aunque mucho más costosas puesto que su valor prácticamente se triplica y por ende son menos utilizadas.

La tinta roja por ejemplo es el color que más reacciones alérgicas provoca, ya que está hecho a base de mercurio. Aunque la toxicidad del mercurio depende de la forma de mercurio a la que están expuestas las personas, este puede dañar el desarrollo del cerebro del bebé nonato. Por lo tanto, la exposición durante el embarazo es altamente riesgosa.

La tinta para tatuajes de color azul, está hecha a base de sales de cobalto, compuesto que puede causar hipersensibilidad causante de granulomas. La tinta verde, contiene cromo, que causa reacciones enzematosas importantes y pueden causar picazón a distintos niveles. Las tintas púrpura y violeta son derivadas del magnesio y pueden provocar granulomas. La tinta marrón, está

---

[162] *S.a.*" Las tintas para tatuajes representan un peligro para la salud". www.fda.gov. Dirección en internet: https://www.fda.gov/Cosmetics/ComplianceEnforcement/AdverseEventReporting/ucm531634.htm y *S.a.* "Piensa antes de tinta: ¿Son seguros los tatuajes?". www.fda.gov. Dirección en internet: https://www.fda.gov/ForConsumers/ConsumerUpdates/ucm048919.htm (Consultado, 23/01/2019).

formada por óxido férrico que puede causar envenenamiento de la sangre por tétanos. La tinta blanca, está hecha con titanio u óxido de zinc que son sustancias potencialmente alérgicas. Cabe señalar que prácticamente todas las tintas se encuentran diluidas en fenol, que es un tipo de alcohol que puede también causar reacciones alérgicas.

Si tomamos en cuenta todos los efectos adversos que tintas profesionales y certificadas pueden causar, tanto daño en el cuerpo humano, el investigador podrá imaginar lo que sucede dentro de las cárceles, en relación a la manera sobre la cual, los presos obtienen la tinta primordialmente de color negro.

En libertad los tatuadores utilizan la tinta de color negro en un 90% de todos los trabajos que realizan y esta tinta a su vez no contiene derivados de metales, salvo algunas excepciones, hecha básicamente con carbón mineral y es extraño que provoque reacciones alérgicas. En relación al porcentaje de trabajos se puede decir que el tatuador sentenciado, trabaja de la misma manera, la diferencia sería el origen de la tinta que utilizan, los resultados obtenidos hablando de calidad, duración y nitidez, así como las reacciones alérgicas (picazón) y el daño a la salud que pueden producir.[163]

El investigador debe conocer que el tatuador sentenciado obtiene tinta negra, quemando cualquier artículo de plástico, caucho, metal o material biológico que este a su alcance.

1. Calcinando bolsas de plástico y posteriormente machacando las bolas negras que se han formado, para después disolverlas en alcohol o en agua.
2. Otra manera de hacer tinta, es con la parte cóncava inferior de una lata de aluminio que exponen a la llama de una vela o encendedor, hasta que esta parte queda negra y rascar el

---

[163] S.a. "Un tatuaje para ti? Siete preguntas clave a considerar". www.fda.gov. Dirección en internet: https://www.fda.gov/ForConsumers/ConsumerUpdates/ucm316357.htm (Consultado, 23/01/2019).

carboncillo que se genera. Para terminar al igual, mezclan este polvillo con agua o alcohol.

3. La tercera manera es quemando un poco de cera para lustrar zapatos o vaselina o *pomada de la campana*, hasta que se forme un pasta espesa y muy negra la cual posteriormente mezclan con alcohol.

4. Aunque no es común que se trabaje dentro de la cárcel con tintas de colores, estas se extraen directamente de un bolígrafo y así se pueden obtener diversos colores.

5. Se crea una tinta negra densa y resinosa extraída de quemar la resina de una astilla de pino mejor conocida como *ocote*, la cual se diluye después en alcohol.

6. Derritiendo suelas de zapatos y mezclado la pasta obtenida con orina.

Los funcionarios de prisiones están en un dilema, si las reglas son demasiado rígidas, la práctica del tatuarse es conducida bajo tierra y las normas de higiene se deterioran. Con toda esta información, es deber del investigador realizar una serie de filtros y búsqueda de materiales que se relacionan con la fabricación de máquinas y tinta para realizar tatuajes dentro de la institución, para su posterior decomiso, destrucción y sanción al poseedor de estos materiales.

TERCERA PARTE
Una Nueva Manera de Llegar a la Verdad

El tatuaje no es una moda ni lo será jamás. Moda, por definición es lo que cambia, lo efímero. El tatuaje es lo permanente, lo que dura hasta la tumba.

Heinz Kloster.

CAPITULO VI

EL ETIQUETAMIENTO

VI.1. INTRODUCCION.

Siendo el acto de tatuarse (por parte del preso), una de las pocas formas que posee el reo, para reafirmar su libertad por sobre lo estipulado en el régimen penitenciario, es necesario por parte del investigador adentrarse en el tema. Pero siendo menester, el derecho de todo preso a reinsertase a una sociedad que etiqueta y criminaliza, ciertos símbolos que, en base a experiencias negativas, considera como *peligroso al individuo que las porte*, orillándolo así, nuevamente a relacionarse con otros individuos que no lo juzguen, etiqueten o criminalicen. Negándole así nuevamente la protección que brinda la colectividad. Debe imponerse una solución sobre la resignación.

VI.2. LA SOLUCIÓN.

A principios del año 2016 el gobierno salvadoreño, implemento mediante su instituto de la juventud (INJUVE), un programa de remoción de tatuajes, a ex pandilleros con el objetivo de reinsertar a la sociedad a quienes los portan.[164]

Uno de los aspectos negativos de los tatuajes de la prisión es la filiación de la persona como un ex interno; que puede provocar respuestas negativas ante los otros o los posibles empleadores futuros. Una encuesta realizada en el año 2014 por la encuestadora mexicana, Gabinete de Comunicación Estrategia (GCE) a 800 personas mayores de edad de todo el país señala que el 74.2 % de las personas tatuadas o con perforaciones piensan que éstos han sido un obstáculo para conseguir trabajo. Por otra parte, Online Curriculum Centre (OCC) realiza una encuesta mundial y revela que

---

[164] *V.* Gobierno de El Salvador. "Instituto de la juventud relanza clínica de remoción de tatuajes". www.presidencia.gob.sv. Dirección en internet: http://www.presidencia.gob.sv/instituto-de-la-juventud-relanza-clinica-de-remocion-de-tatuajes/ (Consultado, 23/01/2019).

70% de los consultados, opinan que tener un tatuaje es causa de discriminación laboral.[165]

Hace un siglo Martínez Baca, revelaba la vergüenza y el arrepentimiento expreso de los presos hacia sus tatuajes mediante el siguiente extracto:

> *El ladrón Alberto Ramírez sufre actualmente, pues solo tenía 10 años cuando se tatuó y ahora a su edad mayor. Manifiesta el reo mucho disgusto por su marca, como él, la llama, porque dice que solo los animales están marcados; para probar si era cierto, le propuse borrarle su tatuage, haciéndole ver que era muy doloroso la operación. No obstante, esta prevención, acepto gustoso, mi ofrecimiento, lo cual me hizo ver que sus palabras eran verídicas.[166]*

Durante muchos siglos aquellos individuos frustrados y etiquetados por sus tatuajes solían recurrir a métodos nada ortodoxos para eliminarlos. Métodos dolorosos, los cuales prácticamente solo eliminaban el tatuaje al lacerar las primeras capas de la piel, formando así una horrible y de mayor extensión, cicatriz. Ladrillos que frotaban fuertemente contra su piel hasta hacerla sangrar, planchas que ardían al rojo vivo sobre muslos y brazos, cuchillos afilados que arrancaban la piel marcada o el casi insoportable procedimiento de *variot*[167], eran los medios preferidos para la época. Lacassagne, a causa de estas arcaicas técnicas, se dio a la tarea de buscar soluciones y pronto encontró un método menos agresivo para la piel, el cual consistía en un tipo de yeso a base de cal y grasa que se colocaba encima del tatuaje por un tiempo indeterminado, hasta producir una especie de ampolla, la cual al

---

[165] *Cfr*. Gabinete de Comunicación Estratégica. *Encuesta, Discriminación por tatuajes 2016...*

[166]*Cfr*. Martínez Baca, *op. cit.*, p. 61.

[167] Sobre este tema en particular: El procedimiento denominado de *variot*, se vierte sobre la piel tatuada una solución concentrada de tanino y después con el auxilio de un juego de agujas, se hacen incisiones sobre toda la superficie de la piel que se quiere decolorar, introduciendo así una pequeña cantidad de tanino debajo de la dermis. Después se frota fuertemente un lápiz de nitrato de plata hasta que la tinta comienza a pulular por las incisiones antes realizadas. Aproximadamente el procedimiento tarda en sanar de 10 a 19 días y a los 45 días se forma una cicatriz parecida a una quemadura húmeda.

secar desprendía el tatuaje, dejando atrás una marca parecida a una quemadura húmeda.[168]

Ahora, en el siglo XXI la mejor solución y la más rápida, se convierte en la obtención de una maquina laser para eliminar tatuajes por solicitud del director de la penitenciaria y por parte del sistema penitenciario estatal. Sujeta a la disposición y aplicación solo a presos que hayan presentado una disminución en su estado peligroso (riesgo de violencia) así como una expresa voluntad a la socialización. Los puntos antes señalados deberían determinarse a través de la facultad del consejo técnico (interdisciplinario) del penal. Calificarlos y aprobarlos, es necesario debido a que no cabe duda que, el tatuaje funge como un medio de identificación implícito a la criminalística y de fundamental importancia a la hora de realizar una identificación criminal.

Para borrar un tatuaje existen varios procedimientos o técnicas (modernas) como: electrocoagulación, criocirugía, abrasión salina (ácido tricloroacético) escisión (pomada PROFADE), y la más moderna de todas; el láser. Los 4 primeros son cada vez menos utilizados, por ser más dolorosos, más complejos y especialmente porque dejan cicatriz. De modo que es la técnica láser, la que se ha impuesto por sobre todas las demás.[169]

---

[168] *V.* Lacassagne, *op. cit.*, p. 14.

[169]Sobre este dato en particular: El costo por remover un tatuaje mediante el procedimiento *láser*, puede llegar a ser inalcanzable para un ex interno. A un precio, en clínicas especializadas de entre 250 y 350 pesos por cm^3. Un *tatuaje criminal* que suele contener más tinta y de peor calidad, que se remite a más sesiones que las necesarias, para eliminar un *tatuaje civil*. Cuyas dimensiones se aproximan a 15 cm^3, a un costo de 300 pesos por cm, durante 8 sesiones, diferidas durante un año, arroja la cantidad de 36,000 pesos mexicanos. Si a esto le sumamos que, a lo largo de su vida, este ex criminal, acumulo sobre su cuerpo casi un metro cuadrado en tatuajes y es por este motivo que no puede encontrar un trabajo digno para mantener, a su *ya* lacerada familia. Debe abordarse este tema, como prioridad en la agenda del patronato para liberados. El 25 de enero

Quitar tatuajes con láser puede parecer algo muy complicado, pero en realidad se trata de algo que dependiendo de distintos factores puede ser en realidad bastante sencillo. Para hacer esto se recomienda la operación de una de las maquinas más modernas y más eficaces que se utilizan en las mejores clínicas.

El láser Nd: YAG Q-Switched de la plataforma Harmony XL PRO de Alma Lasers[170] tiene un precio de compra de 10 mil dólares y considerado como el mejor del mercado, puede quitar tatuajes: profesionales, o hechos en casa, traumáticos y quirúrgicos. En promedio los tatuajes profesionales, requieren tratamientos de 4 a 5 sesiones, mientras que para los tatuajes de aficionados, caseros o carcelarios se requieren entre 6 a 8 sesiones, esto debido a la calidad de las tintas, cantidad y grosor en el tatuaje. Todo espaciado aproximadamente en 3 meses. El número de tratamientos depende de la cantidad de tinta usada para el tatuaje y la profundidad de la tinta en la piel.[171]

VI.3. EL LÁSER.

Se trata del mismo tipo de tecnología utilizada para depilar, solo que con distintos parámetros para que tenga un efecto fotoacústico y emita un pulso muy corto. Este pulso o disparo se dirige al pigmento y no daña el tejido circundante. Este tratamiento con láser es tópico; no se pincha la piel, por lo que no la daña ni produce marcas o cicatrices.

---

del 2009 en conferencia de prensa, el doctor Pedro Grajeda López, jefe de la Unidad de Cirugía Reconstructiva del Hospital de Especialidades del Centro Médico Nacional La Raza, informó que son tres las técnicas para quitarlo: a base de químicos, con cirugías y con rayo láser. También explico que en el Instituto aplican los tres métodos, todos gratuitos, para eliminarlos; y buscar trabajo es la principal motivación para quitarlos. *S.a.* "Si el tatuaje es? problema, el IMSS lo borra". *www.dossierpolitico.com* (Blog). Dirección en internet: http://www.dossierpolitico.com/vernoticiasanteriores.php?artid=48179&relacion=dossierpolitico (Consultado, 23/01/2019).

[170] *S. a.* "Laser Nd: YAG Q-Switched de la plataforma Harmony XL PRO". Alma Medica Iberia. Dirección en internet: www.almalasersmedica.es/nuevos-cabezales-para-la-plataforma-harmony-xl/ (Consultado, 23/01/2019).

[171] *Ib.*

De acuerdo a los expertos, la gran mayoría de los tatuajes se pueden quitar con láser, exitosamente aproximadamente entre unas 5 y 10 sesiones de tratamiento, y esperar de 1 a 3 meses entre ellas, para que la tinta explosionada se elimine. El método empleado para aproximadamente determinar el número de sesiones es la escala de Kirby Desai[172] . La escala fue elaborada por los doctores William Kirby y Teja Dasai entre otros, quienes mediante investigaciones frente a la creciente demanda de personas que querían borrarse un tatuaje, crearon esta escala basada en 6 puntos particulares.

1. Tipo de piel.
2. Ubicación del tatuaje.
3. Color. Los tatuajes verdes y azules se quitan con mayor dificultad que los de color negro, que son los más fáciles de suprimir.
4. Cantidad de tinta.
5. Cicatrizado.
6. Las capas de piel atravesadas por el tatuaje.

Mediante esta escala, las clínicas pueden tener un medio que les permita determinar la cantidad de sesiones. Cada sesión del tratamiento, consiste en la exposición del tatuaje a un láser que produce pequeños golpes o pulsaciones de una intensa luz que atraviesa las capas superiores de la piel y que de forma selecta absorbe los pigmentos del tatuaje. El láser provoca una fragmentación de esos pigmentos, que se desprenden en pequeñísimas partículas que luego el sistema inmunológico se encarga de fagocitar. Tras el proceso de eliminación, la piel queda intacta. Cada sesión tiene una duración de unos pocos minutos y generalmente depende de la tolerancia al dolor de cada la persona.

---

[172]*V*. Kirby William, Desai Alpesh, Desai Tejas, *et, all*. "La escala de Kirby-Desai: Una escala propuesta para evaluar los tratamientos de eliminación de tatuajes". *J Clin Aesthet Dermatol. Mar; 2 (3)* (2009): pp. 32–37

La mayoría de las personas que se han sometido a este tipo de tratamiento sostienen que cada uno de los golpes de luz efectuados por la máquina láser, se sienten como si apoyaran algo muy caliente sobre la piel y lo quitaran de inmediato o mejor aún como si se recibieran golpes con una banda elástica. Para mitigar el dolor, algunas clínicas ofrecen ungüentos anestésicos o hasta inyecciones con un poco de anestesia. Después de las sesiones se aplican lociones antibacteriales y se pueden tomar duchas sin problemas, pero no se puede rascar o frotar la zona. Sobre ellas, es preciso colocar un apósito o vendaje para taparlas y protegerlas de los rayos UV, cuando se pasee o se exponga al sol. Las épocas de invierno son las idóneas para hacerlo, puesto que las zonas que se tratan no deben exponerse al sol.[173]

Los efectos secundarios de borrarse un tatuaje con láser, son poco frecuentes y constan de 2 casos en particular:

1. La hiperpigmentación es la abundancia de color o colores en la piel, en la zona en la que se aplicó el tratamiento.
2. La hipopigmentación es, por el contrario, la pérdida del color normal de la piel en el mismo lugar. Existe además un 5% de probabilidades de que queden cicatrices de por vida. Lo cual es aceptable contra el 99% de posibilidades de que se forme una cicatriz con otros métodos.

El láser no daña la piel, aunque la zona afectada estará más sensible durante 7 u 8 meses. El láser, aunque tiene riesgo de quemaduras si no lo usan manos expertas, no daña la piel.

---

[173] *Ib.*

Esto se debe a que el disparo del láser va directamente hacia la tinta. Así se salvaguarda la piel, aunque hay que aplicar unas medidas extras y tener ciertas precauciones para conferirle una mayor protección.

La evolución depende de cada persona y de la zona tratada, ya que hay áreas más sensibles, como la cara interna de las muñecas o detrás de las orejas. Otras son más fáciles de tratar, como los brazos y las piernas, cuya piel es más fuerte y se regenera mejor.[174]

La piel de la mujer es una cuarta parte más delgada que la del hombre y es mucho menos áspera porque tiene menos células escamosas en la parte más externa de la epidermis, llamada capa córnea. La elasticidad y bioquímica de cada piel es diferente, dependiendo de la edad, grupo étnico, condiciones ambientales o genéticas. Sin embargo, en términos generales, la piel de la mujer es un poco más vulnerable a la deshidratación, rayos solares y otras lesiones ambientales.[175]

VI.4. CONSECUENCIAS MÉDICAS DEL TATUAJE.

En el año 2009 en un comunicado de prensa la dirección de la Secretaria de Salud Pública del estado mexicano, emitió una alerta mediante su órgano difusor, en relación al riesgo que se corre al realizarse un tatuaje, puesto que según sus cifras hasta un 90% de los tatuadores no son profesionales, ni se encuentran certificados. Infecciones severas como sífilis, lepra, lupus, hepatitis b, tuberculosis y sida, son algunas de las tantas que los jóvenes pueden adquirir al momento de asistir a una cita en un local de tatuajes, puesto que ninguna técnica está exenta de complicaciones. La

---

[174] *S.a.* "Eliminación de tatuajes: opciones y resultados". www.fda.gov. Dirección en internet: https://www.fda.gov/ForConsumers/ConsumerUpdates/ucm336842.htm (Consultado, 23/01/2019).
[175] *Cfr.* Cruz, Antonio. *op. cit.*, p. 28.

secretaria, alerto especialmente a quienes padecen diabetes, insuficiencia renal o enfermedades cardiacas debido a que estos padecimientos los hacen más susceptibles a desarrollar alguna de las infecciones antes mencionadas.[176]

En el año 2012 el médico español de la cárcel de Soria, España, Javier Minguez, identifico las principales infecciones carcelarias transmitidas de reo en reo gracias al acto de tatuarse, como: trombosis, VIH/sida y hepatitis. Sin dudas la enfermedad más grave que podamos contraer es el virus del VIH o sida. Los casos de VIH/sida por la vía de un tatuaje no son muy habituales, pero igualmente siempre representan un riesgo latente para la población en general, no así dentro de una institución penitenciaria. Según un estudio sobre drogodependientes que ingresan en prisión, el 46% consumían heroína y cocaína, como drogas principales al mes anterior a su ingreso y el 65% de éstos lo hacían con una frecuencia muy alta[177]. Probablemente, esta es la causa, de la alta prevalencia de enfermedades infecciosas que se encuentran en la población penitenciaria, donde la tasa de infección VIH/sida, tuberculosis respiratoria o las diferentes hepatitis, superan enormemente las tasas que se encuentran en la población en libertad. Lacassagne hace más de 100 años había identificado padecimientos tales como: llagas gangrenosas, erisipela, adenitis, sífilis y ulceras consecuencias de una mala higiene al momento de tatuarse.[178]

Los tatuajes carcelarios implican riesgos como los siguientes:

1. Heridas de difícil curación.
2. Infección: cuando se usan equipos no estériles y agujas que pueden transmitir enfermedades infecciosas, como el VIH/sida, la hepatitis y las infecciones de la piel, causadas por otras bacterias que además de evitarlas, si ocurren,

---

[176] S.a. "Pueden tatuajes causar hepatitis B, tuberculosis, insuficiencia renal y VIH Sida". *Organización Editorial Mexicana* (Blog). Dirección en internet: http://www.oem.com.mx/esto/notas/n1016920.htm

[177] Sobre este dato en particular: *Infra*. Se relacionan los tatuajes con el trastorno de la personalidad antisocial: I.6. EL TATUAJE Y LOS TRASTORNOS DE PERSONALIDAD, PRINCIPALES ESTUDIOS. p. 11.

[178] *V.* Lacassagne, *op. cit.*, pp. 66 y 107.

deben tratarse correctamente para impedir que se extiendan a otras zonas del cuerpo y de los demás internos.

- Infecciones cutáneas locales: Son aquellas que tienen lugar cuando el microorganismo penetra a través de la piel. Pueden ser bacterianas y micro bacterianas. Las bacterianas son las más comunes y se producen por falta de higiene tanto personal, como del tatuador, así como del material empleado o de la higiene posterior.
- Infecciones víricas. Ejemplo de este tipo de infecciones son las verrugas víricas o los herpes simples.

3. Transmisión de enfermedades por vía hematógena. Cuando el microorganismo penetra a través de la sangre, mediante las heridas generadas por la maquina se producen este tipo de infecciones. Las enfermedades más comunes en estos casos son la tuberculosis, tétanos, sífilis, hepatitis B, C y D. De forma mucho más esporádica VIH/sida.

4. Reacciones alérgicas: debido a que los pigmentos utilizados suelen ser difíciles de eliminar. Además, las personas pueden desarrollar una reacción alérgica a tatuajes que han tenido por años.

5. Enfermedades pulmonares: los recipientes y tintas utilizadas pueden fungir como caldo de cultivo para varias especies de bacterias MNT; causantes de enfermedades pulmonares.

Riesgos que parecen no importarles a los presos, frente a la libertad que sienten, al poder expresarse con su cuerpo. Los tatuajes en zonas ocultas suponen un riesgo en caso de accidente. Si la persona tiene un incidente o situación de urgencia en la que haya que intervenir, es recomendable que los médicos conozcan este detalle. Así un tatuador, según el relato de Lacassagne, paso años con una infección venérea en la boca y en el pene, pues mientras este se auto marcaba colocaba la aguja entintada en su boca dando tragos de tinta, saliva y sangre infectada.[179]

Contraindicaciones médicas del tatuaje que se deben dar a conocer a la población penitenciaria:

1. Embarazo.

---

[179] *Ídem.* p. 108.

2. Dermatosis infecciosas activas: verrugas víricas, herpes, infecciones bacterianas que se pueden extender.

3. Dermatosis cutánea con isomorfismo como: la psoriasis, liquen u hongos en la piel.

4. Historia de cicatrices queloides.

5. Trastorno de la coagulación o cuando se está con tratamiento anticoagulante, ya que se puede sangrar demasiado.

6. Durante tratamientos retinoides orales, muy empleados contra el acné. La persona que haya estado con este tratamiento tendrá que esperar 6 meses o un año para poder hacerse un tatuaje, porque puede sufrir una reacción cutánea.

7. Todo interno que padezca infecciones severas como sífilis, lepra, lupus, hepatitis b, tuberculosis y sida.

8. Todo interno que padezca diabetes, insuficiencia renal o enfermedades cardiacas.

Violando nuevamente el derecho constitucional de la salud, así el medio usado para la reinserción del preso a la sociedad, el tatuaje se presenta como uno de los tantos tumores que se pueden encontrar dentro del cáncer que asola nuestro sistema penitenciario, por ende, debe encontrarse dentro de la agenda del consejo técnico (interdisciplinario) su erradicación.

Aquel que ciegamente desvirtúa a Lombroso y a todos sus alumnos, es porque jamás los ha leído.

Saúl A. Mora.

CONCLUSIONES

A manera de principios se presentan las conclusiones de este trabajo:

1. *El tatuaje criminal y el tatuaje civil se pueden diferenciar mediante la calidad de las líneas del dibujo, así como en las tintas empleadas.*

Desde hace más de 100 años Lacassagne, Salillas y Martínez Baca, ya distinguían entre un tatuaje artístico, bien definido, con trazos limpios sin errores, realizado por un profesional y aquellos intentos de jeroglíficos, atávicos y sin más expresión que los propios gritos del inconsciente.

2. *El tatuaje criminal es claramente un indicador de personalidad, de pertenecía a un grupo y de libertad.*

El tatuaje criminal y la psico y sociopatía se encuentran íntimamente relacionados. Los psiquiatras no tienen duda, existe una innegable correlación entre el tatuaje y el sujeto que lo porta. Los sociólogos y antropólogos pueden reconocer a los miembros de un grupo social, tribu o pandilla en base a los ornamentos que estos emplean para identificarse con su grupo. El psicólogo y el criminólogo conocen bien lo que concierne a la prisión, un lugar oscuro, peligroso, y lleno de sufrimiento donde la única salida posible para una mente trastornada es marcarse.

3. *La gestación del tatuaje criminal tiene su origen dentro del sistema penal mundial y de las subculturas criminales.*

Al ser la cárcel un lugar de penas y sufrimiento, que fomenta la liberación de estrés por medio del tatuaje, así como caldo de cultivo para una población de cientos de criminales predispuestos al tatuaje, no resulta difícil llegar a dicha conclusión.

4. *El tatuaje criminal suele encontrarse sobre regiones anatómicas tales como cabeza y rostro, cuello, pecho, genitales y las manos.*

Irónicamente si nosotros preguntamos a un tatuador, sobre que regiones anatómicas, es más doloroso realizarse un tatuaje, inequívocamente se remitirá a estas regiones. Una de las tantas características de los psicópatas es su resistencia al dolor llamada *analgesia*, infinitamente necesaria para soportar los embates de la punta afilada de una cuerda de guitarra que penetra su piel impulsada por un motor de toca discos.

5. *El uso del tatuaje simbólico favorece el surgimiento de una subcultura.*

Si los sociólogos y antropólogos ya identificaron el uso de tatuajes por parte de cientos de grupos étnicos por todo el planeta, es relativo que también del mismo modo una subcultura pueda identificarse y ser afín a sus miembros por un mismo símbolo en común, que desprenda en ellos un sentimiento tal como la anarquía, el odio, y también por qué no, también amor.

6. *El tatuaje simbólico se encuentra más arraigado dentro de los grupos criminales, que en la población en general.*

Hace más de 200 años existió y aún sigue existiendo un régimen penitenciario llamado *auburniano*, que buscaba evitar el contagio criminal de los presos en base a la no comunicación entre ellos, implantado un régimen de silencio absoluto. El hombre es un ser dialectico, por naturaleza dialoga, se comunica de alguna manera y que mejor manera que la visual. Según los psicólogos el 70% de la información que se transmite es corporal la cual recibimos por medio del sentido de la vista. Así en cientos de prisiones el tatuaje se empleaba para trasmitir mensajes entre los prisioneros.

7. *El tatuaje criminal claramente funge como etiqueta negativa ante la población en general.*

Parametria, 1 de cada 10 mexicanos cuenta con algún tatuaje. Los no tatuados somos la cultura dominante. (GCE) el 74.2 % de las personas tatuadas o con perforaciones piensan que éstos han sido un obstáculo para conseguir trabajo. (OCC) 70% de los consultados opinan que tener un tatuaje es causa de discriminación laboral (ENCUP) 61% de los mexicanos no aceptaría que en su casa viviera una persona con tatuajes. La percepción es errónea, ni el 90% de los presos esta tatuado, los mexicanos y la población mundial, debe comprender que no todos los tatuajes son símbolos que representan una personalidad negativa o desviada, también existen seres marcados que son bondadosos, que contribuyen al bien común y no tenemos por qué estigmatizarlos. Los motivos místico religiosos, pacíficos y afectivos, son positivos. El tatuaje sobre el brazo y el hombro, dependiendo del tatuaje, indican a una persona con un interés por sentirse útil, que lucha por nuevas metas; el 60% de los mexicanos tatuados coincide con estas características.

Desafortunadamente los investigadores que han estudiado a los internos con tatuajes siempre se han centrado tradicionalmente en el lado negativo y patológico de la práctica.

8. *El tatuaje criminal, presenta una mayor dificultad al momento de eliminarlo, mediante un tratamiento laser debido a la mala calidad de las tintas, así como la cantidad utilizada para el dibujo.*

El número de tratamientos depende de la cantidad de tinta usada para el tatuaje y la profundidad de la tinta en la piel, debido a la calidad de las tintas, cantidad y grosor en el tatuaje. En promedio los tatuajes caseros o carcelarios requerirán de 6 a 8 sesiones. En comparación de los profesionales que requieren de 4 a 5 sesiones.

9. *Las consecuencias médicas del tatuaje criminal superan en proporción descomunal, al tatuaje civil (profesional).*

En las cárceles los tatuajes se elaboran manualmente sin ningún elemento artístico y dejando de lado toda higiene, aunque la tinta usada sea de la peor calidad, aunque la máquina parezca más de tortura que de creación artística. El 46% de los presos consumía heroína y cocaína, como drogas principales al mes anterior a su ingreso y el 65% de éstos lo hacía con una frecuencia muy alta.

Probablemente, esta es la causa de la alta prevalencia de enfermedades infecciosas que se encuentra en la población penitenciaria, donde la tasa de sida o infección por VIH, tuberculosis respiratoria o las diferentes hepatitis, superan enormemente las tasas que se encuentran en la población general en libertad

COMENTARIOS FINALES DE LA OBRA

El propósito de este tipo de trabajos, es mostrar que la presencia de un tatuaje o tatuajes, puede servir para indicar la presencia de un comportamiento que se presenta como una conducta que se desvía y que podría manifestarse en forma de crimen. Esto sin embargo no siempre implica que existe una vinculación directa entre la presencia de un tatuaje y la tendencia hacia la criminalidad. Ya que existen cientos de personas que poseen tatuajes y no son criminales. El punto de vista psicológico podría interpretarse como: al haber obtenido el tatuaje mientras que el individuo padeciese un trastorno de la personalidad, pero este se habría corregido o superado al momento del estudio.

Los intentos de correlacionar con ciertos diseños, determinadas actividades delictivas se han hecho, pero los hallazgos en esta área como, en todas las que acontecen al estudio de la conducta humana no son concluyentes. Aunque la correlación de ciertos diseños sobre ciertas regiones, si pueden interpretarse como la proyección de una conducta criminal.

ANEXO I
EXAMEN DE CASOS PRÁCTICOS

CUADRO N° 17
EXAMEN DE CASOS PRÁCTICOS

Se ha encontrado un cadáver y sus únicas señas individualizadoras son los tatuajes de una lágrima, una telaraña y los números 461 ¿en qué registros debo buscar, desaparecidos?

Un grupo de individuos han sido procesados por el delito de lesiones calificadas ¿Qué tipo de tatuajes pueden determinar su afinidad a la pandilla de los *latin kings*?

Se sospecha que este individuo funge como sicario para un grupo criminal ¿qué tipo de tatuajes pueden ayudar a la perfilación?

Se realiza un perfil criminológico a un delincuente, cuyos genitales se encuentran tatuados ¿qué características de su personalidad nos ofrece este tatuaje?

¿De dónde obtienen los presos, la tinta para sus tatuajes?

Un hombre afrodescendiente se aleja rápidamente al ver una patrulla, porta sobre su pantorrilla el símbolo MOB ¿Por qué debe la autoridad detener a este sospechoso?

¿Cuál es la presunta nacionalidad y personalidad de este sujeto?	¿Pertenece a una pandilla este individuo? ¿Sí, ¿No? ¿Por qué?	¿Bajo qué régimen penitenciario, recomendarías clasificar a este delincuente?
		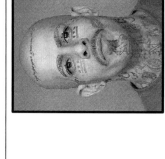

Fuente: propia.

ANEXO II
RECOLECCIÓN DE DATOS CRIMINOLÓGICOS SOBRE EL SÍMBOLO (MARCA, TATUAJE O PERFORACIÓN)

REGISTRO CRIMINOLOGICO DE MARCAS, TATUAJES O PERFORACIÓNES[180]

NOMBRE

EDAD

ESCOLARIDAD

¿Se ha realizado una marca decorativa en su cuerpo? (marca, tatuaje o perforación)	SÍ	NO

¿Cuántas veces ha sido marcado, tatuado o perforado?	No.
¿Cuántas marcas, tatuajes o perforaciones presenta actualmente?	No.

¿En qué etapa de su vida se realizó su primera marca, tatuaje o perforación?		
Infancia	Adolescencia	Adultez

¿Cuáles fueron las motivaciones que le impulsaron a marcarse, tatuarse o perforarse?

¿Cuál es su actitud hacia sus marcas, tatuajes o perforaciones?		
Orgullo	Disgusto	Indiferencia

¿Considera usted que mientras se realizaba la marca, tatuaje o perforación, estaba pasando por un mal momento en su vida?	SÍ	NO

De los siguientes ejemplos ¿Qué tipo de situación se relaciona más con aquel momento en su vida?		
Pérdida económica, de algún familiar o de empleo	Profundo enojo y deseo de venganza	Drogodependencia o alcoholismo

---

[180] **Fuente:** propia, adaptada de: Payá Porres, Post, S, Richard y William Cardasis, *et.all.*

¿Cuáles fueron las motivaciones que le impulsaron a remover su marca, tatuaje o perforación?

¿Alguna de sus marcas, tatuajes o perforaciones poseen un significado especial para usted?	SÍ	NO	No.
Describa, todas las marcas, tatuajes y perforaciones que poseen un significado especial para usted:			

¿Algunas de sus marcas, tatuajes o perforaciones poseen un significado sexual para usted?	SÍ	NO	No.
Describa, todas las marcas, tatuajes y perforaciones que poseen un significado sexual para usted:			

¿Algunas de sus marcas, tatuajes o perforaciones poseen un significado mágico para usted?	SÍ	NO	No.
Describa, todas las marcas, tatuajes y perforaciones que poseen un significado mágico para usted:			

¿Alguna vez se han removido una marca, tatuaje o perforación?	SÍ	NO	No.
Descripción de la marca, tatuaje o perforación eliminada:			

¿Considera que su salud física se encuentra en riesgo a causa de la procedencia de sus marca, tatuaje o perforación?	SÍ	NO

¿Bajo qué condiciones de higiene fueron elaboradas sus marcas, tatuajes o perforaciones?		
Buenas	Regulares	Malas

¿Alguna marca, tatuaje o perforación fue realizada por usted mismo?	SÍ	NO

En una escala donde el 1 es nada y el 10 es demasiado. ¿Cuánto dolor experimento durante el proceso?									
1	2	3	4	5	6	7	8	9	10

Conclusiones		
Tatuaje Civil	Tendencias Psicopáticas	Tatuaje Criminal
Justificación		

Fotografía

A T E N T A M E N T E
PERITO EN CRIMINOLOGÍA

ANEXO III
TEST DE SENTIDO ETIOLÓGICO MODIFICADO PARA INTERPRETAR TATUAJES CRIMINALES

TEST CRIMINOLÓGICO DE TATUAJES[181]

NOMBRE

EDAD

ESCOLARIDAD

Tatuaje No.	
Región anatómica tatuada.	
Descripción del símbolo o figura	
De acuerdo al símbolo tatuado a que pandilla pertenece el sujeto:	

Etapa de la vida en la cual fue realizado		
Niñez	**Adolescencia**	**Adultez**

El tatuaje fue realizado mientras el sujeto se encontraba en un estado alterado de consciencia	SÍ	NO	Especifique

Categoría simbólica del tatuaje					
Místico	**Pacifico**	**Identidad**	**Afectivo**	**Agresivo**	**Sexual**

El sujeto manifiesta algún tipo de relación con la simbología del tatuaje	SÍ	NO

Tamaño del tatuaje		
Pequeño	**Mediano**	**Grande**

El tatuaje se muestra visible con ropa	SÍ	NO

El tatuaje coincide con algún símbolo pandillero	SÍ	NO
Técnica utilizada para su elaboración		

Lugar en que fue realizado		
Negocio	**Casa**	**Cárcel**

---

[181] **Fuente:** propia, adaptada de: Payá Porres y Sonia B. F. Arias.

Cuanto pago por el tatuaje	$
¿Cuántas personas se encontraban presentes al momento de elaborar el tatuaje además del tatuador?	

¿Algún aspecto propio del tatuaje fue recomendado por el tatuador o alguno de los presentes?	SÍ	NO
¿Qué aspecto del tatuaje fue recomendado?		

¿Cuánto dolor experimento al momento de la realización del tatuaje?		
1-3	4-7	8-10
Ninguno	Poco	Demasiado

El sujeto ha manifestado interés en remover el tatuaje	SÍ	NO
¿Cuál es el motivo por el cual el sujeto desea o no remover el tatuaje?		

¿Cuándo el sujeto se siente frustrado, acostumbra rascarse el tatuaje?	SÍ	NO

Clasificación criminógena del tatuaje	
Civil	Criminal

ANEXO IV
MARCO JURIDICO LEGAL Y SANITARIO I

LEY GENERAL DE SALUD[182]
Nueva Ley publicada en el Diario Oficial de la Federación el 7 de febrero de 1984

TEXTO VIGENTE
Última reforma publicada DOF 12-07-2018

Al margen un sello con el Escudo Nacional que dice: Estados Unidos Mexicanos. - Presidencia de la República.

MIGUEL DE LA MADRID HURTADO, Presidente Constitucional de los Estados Unidos Mexicanos, a sus habitantes, sabed:

Que el H. Congreso de la Unión se ha servido dirigirme el siguiente:

D E C R E T O

"El Congreso de los Estados Unidos Mexicanos", decreta:

LEY GENERAL DE SALUD

TITULO DECIMO SEGUNDO
Control Sanitario de Productos y Servicios de su Importación y Exportación

CAPITULO VIII

Equipos médicos, prótesis, ortesis, ayudas funcionales, agentes de diagnóstico, insumos de uso odontológico, materiales quirúrgicos, de curación y productos higiénicos

---

[182] Cámara de Diputados del H. Congreso de la Unión. *LEY GENERAL DE SALUD* (CDMX. México: Diario Oficial de la Federación (DOF) 2018). (Fragmento)

Artículo 268.- El proceso de los materiales quirúrgicos, de curación y productos higiénicos, quedará sujeto, en lo conducente, a las disposiciones del Capítulo IV de este Título.

Artículo 268 Bis. - Los tatuadores, perforadores o micropigmentadores, deberán contar con autorización sanitaria de acuerdo con los términos del Capítulo I del Título Décimo Sexto de esta Ley y las demás disposiciones aplicables.
Se entenderá por:

Tatuador: Persona que graba dibujos, figuras o marcas en la piel humana, introduciendo colorantes bajo la epidermis con agujas, punzones u otro instrumento por las punzadas previamente dispuestas.

Perforador: Persona que introduce algún objeto decorativo de material de implantación hipoalergénico en la piel o mucosa con un instrumento punzo cortante.

Micropigmentador: Persona que deposita pigmentos en áreas específicas de la piel humana, bajo la epidermis, en la capa capilar de la dermis con agujas accionadas mediante un instrumento manual o electromecánico.

Artículo adicionado DOF 24-04-2006

Artículo 268 Bis-1.- Queda prohibido realizar tatuajes, micro pigmentaciones y perforaciones a personas menores de 18 años de edad, así como aquellas que no se encuentren en pleno goce de sus facultades mentales. En el caso de las acciones antes mencionadas, sólo podrá exceptuarse lo anterior cuando los menores de 18 años estén acompañados de uno de sus padres o tutor previa acreditación de tal carácter, o cuenten con la autorización por escrito.

La violación de esta disposición se sancionará en los términos previstos en el artículo 419 de esta Ley, y conllevará a la revocación definitiva de la autorización respectiva.

Artículo adicionado DOF 24-04-2006

TITULO DECIMO OCTAVO

Medidas de Seguridad, Sanciones y Delitos

CAPITULO II
Sanciones Administrativas

Artículo 416.- Las violaciones a los preceptos de esta Ley, sus reglamentos y demás disposiciones que emanen de ella, serán sancionadas administrativamente por las autoridades sanitarias, sin perjuicio de las penas que correspondan cuando sean constitutivas de delitos.

Artículo 417.- Las sanciones administrativas podrán ser:

I. Amonestación con apercibimiento;
II. Multa;
III. Clausura temporal o definitiva, que podrá ser parcial o total, y
IV. Arresto hasta por treinta y seis horas.

Artículo reformado DOF 14-06-1991

Artículo 418.- Al imponer una sanción, la autoridad sanitaria fundará y motivará la resolución, tomando en cuenta:

I. Los daños que se hayan producido o puedan producirse en la salud de las personas;
II. La gravedad de la infracción;
III. Las condiciones socio-económicas del infractor, y
IV. La calidad de reincidente del infractor.

Fracción adicionada DOF 07-05-1997

Artículo 419. Se sancionará con multa hasta dos mil veces el salario mínimo general diario vigente en la zona económica de que se trate, la violación de las disposiciones contenidas en los artículos 55, 56, 83, 103, 107, 137, 138, 139, 161, 200 bis, 202, 263, 268 bis 1, 282 bis 1, 346, 350 bis 6, 391 y 392 de esta Ley.

Artículo reformado DOF 14-06-1991, 07-05-1997, 26-05-2000, 24-04-2006, 18-01-2007

Artículo 420.- Se sancionará con multa de dos mil hasta seis mil veces la Unidad de Medida y Actualización, la violación de las disposiciones contenidas en los artículos 75, 121, 142, 147, 153, 157 Bis 10, 198, 200, 204, 241, 259, 260, 265, 267, 304, 307, 341, 348, segundo y tercer párrafo, 349, 350 Bis, 350 Bis 2, 350 Bis 3 y 373 de esta Ley.

Artículo reformado DOF 14-06-1991, 07-05-1997, 26-05-2000, 28-06-2005, 18-01-2007, 19-06-2017

Artículo 421. Se sancionará con una multa equivalente de seis mil hasta doce mil veces el salario mínimo general diario vigente en la zona económica de que se trate, la violación de las disposiciones contenidas en los artículos 67, 101, 125, 127, 149, 193, 210, 212, 213, 218, 220, 230, 232, 233, 237, 238, 240, 242, 243, 247, 248, 251, 252, 255, 256, 258, 266, 306, 308, 309, 315, 317, 330, 331, 332, 334, 335, 336, 338, último párrafo, 342, 348, primer párrafo, 350 bis 1, 365, 367, 375, 376, 400, 411 y 413 de esta Ley.

Artículo reformado DOF 14-06-1991, 07-05-1997, 26-05-2000, 19-01-2004, 28-06-2005, 18-01-2007, 30-05-2008

Artículo 421 bis. Se sancionará con multa equivalente de doce mil hasta dieciséis mil veces el salario mínimo general diario vigente en la zona económica de que se trate, la violación de las disposiciones contenidas en los artículos 100, 122, 126, 146, 166 Bis 19, 166 Bis 20, 205, 235, 254, 264, 281, 289, 293, 298, 325, 327 y 333 de esta Ley.

Artículo adicionado DOF 18-01-2007. Reformado DOF 05-01-2009

Artículo 421 Ter.- Se sancionará con multa equivalente de doce mil hasta dieciséis mil veces el salario mínimo general diario vigente en la zona económica de que se trate e inhabilitación de siete a diez años, en el desempeño de empleo, profesión o cargo público, a quien infrinja las disposiciones contenidas en el Capítulo Único del Título Quinto Bis de esta Ley, o la cancelación de Cédula con Efectos de Patente, la concesión o autorización respectiva según sea el caso. Lo anterior, sin afectar el derecho del o los afectados, de presentar denuncia por el delito o delitos de que se trate.

Artículo 422. Las infracciones no previstas en este Capítulo serán sancionadas con multa equivalente hasta por dieciséis mil veces el salario mínimo general diario vigente en la zona económica de que se trate, atendiendo las reglas de calificación que se establecen en el artículo 418 de esta Ley.

Artículo reformado DOF 07-05-1997, 18-01-2

ANEXO V
MARCO JURIDICO LEGAL Y SANITARIO II

DECRETO GUBERNATIVO NUMERO 8, MEDIANTE EL CUAL, SE EXPIDE EL REGLAMENTO INTERIOR PARA LOS CENTROS DE READAPTACION SOCIAL DEL ESTADO DE GUANAJUATO[183]

Periódico Oficial del Gobierno del Estado de Guanajuato

Año LXXIX Tomo CXXX	Guanajuato, Gto., a 21 de Abril de 1992	Número 32

Segunda Parte

Gobierno del Estado – Poder Ejecutivo

Decreto Gubernativo Numero 8, mediante el cual, se expide el Reglamento Interior para los Centros de Readaptación Social del Estado de Guanajuato.	1

Al margen un sello con el Escudo de la Nación. - Poder Ejecutivo. - Guanajuato.

CARLOS MEDINA PLASCENCIA, GOBERNADOR DEL ESTADO LIBRE Y SOBERANO DE GUANAJUATO, EN EJERCICIO DE LAS FACULTADES CONFERIDAS POR LOS ARTICULOS 77, FRACCIONES II Y III, DE LA CONSTITUCION POLITICA PARA EL ESTADO DE GUANAJUATO, 2o, 5o y 13 DE LA LEY ORGÁNICA DEL PODER EJECUTIVO Y 1o Y 2o DE LA LEY DE EJECUCION DE SANCIONES PRIVATIVAS DE LA LIBERTAD PARA EL ESTADO, HE TENIDO A BIEN

---

[183] Poder Ejecutivo. - Guanajuato. *DECRETO GUBERNATIVO NUMERO 8, MEDIANTE EL CUAL, SE EXPIDE EL REGLAMENTO INTERIOR PARA LOS CENTROS DE READAPTACION SOCIAL DEL ESTADO DE GUANAJUATO* (Guanajuato, México: Periódico Oficial del Gobierno del Estado de Guanajuato. 1992) (Fragmento).

EXPEDIR EL REGLAMENTO INTERIOR PARA LOS CENTROS DE READAPTACIÓN SOCIAL DEL ESTADO DE GUANAJUATO.

CAPITULO TERCERO.
DE LOS SERVICIOS.
SECCION PRIMERA.
DE LOS SERVICIOS DE SALUD.

ARTICULO 56.- LOS SERVICIOS DE SALUD EN LOS CENTROS DE READAPTACION SOCIAL DEBERAN SER SUFICIENTES PARA ATENDER LAS NECESIDADES DE SALUD FISICA Y MENTAL DE LOS INTERNOS. EN LAS INSTALACIONES DE LOS CENTROS SE LES PROPORCIONARAN ATENCION MEDICA CON EL PERSONAL ADSCRITO Y LOS MEDICAMENTOS NECESARIOS, SIEMPRE QUE LA PARTIDA PRESUPUESTAL DE LOS ESTABLECIMIENTOS LO PERMITA.

CAPITULO DECIMO.
DEL REGIMEN DISCIPLINARIO.

ARTICULO 124. EL ORDEN Y LA DISCIPLINA EN EL INTERIOR DE LOS CENTROS DEBERA MANTENERSE CON FIRMEZA. EL DIRECTOR DEL CENTRO ESTABLECERA LOS HORARIOS A QUE DEBERAN SUJETARSE LOS INTERNOS PARA EL DESARROLLO DE LAS ACTIVIDADES. LAS AUTORIDADES DEL CENTRO SOLO HARAN USO DE LA FUERZA EN CASO DE RESISTENCIA ORGANIZADA, CONATO DE MOTIN, AGRESION AL PERSONAL O DISTURBIO QUE PONGA EN PELIGRO LA SEGURIDAD DEL MISMO. CUANDO SE HAGA USO DE LA FUERZA EN LAS HIPOTESIS MENCIONADAS, DEBERAN LEVANTARSE LAS ACTAS CORRESPONDIENTES Y NOTIFICARSE A LAS

AUTORIDADES QUE DEBAN INTERVENIR O TOMAR CONOCIMIENTO DE LOS HECHOS.

SECCION PRIMERA.
DE LOS DERECHOS Y DE LAS OBLIGACIONES DE LOS INTERNOS.

ARTÍCULO 125.- ADEMAS DE LOS QUE DERIVAN DE ESTE REGLAMENTO, SON DERECHOS INALIENABLES DE LOS INTERNOS:

I. QUE SE LES LLAME POR SU NOMBRE;
II. RECIBIR UN TRATO DIGNO Y HUMANITARIO;
III. NO SER DISCRIMINADOS EN RAZON DE SU SEXO, RELIGION Y RAZA;
IV. ESTAR SEPARADOS LOS PROCESADOS DE LOS SENTENCIADOS;
V. RECIBIR ASISTENCIA DE SALUD FISICA Y MENTAL A SU INGRESO Y DURANTE SU ESTANCIA EN EL CENTRO;
VI. TENER UNA ACTIVIDAD Y CAPACITACIÓN LABORALES;
VII. CONTAR CON ACTIVIDADES ARTISTICAS, RECREATIVAS Y RELIGIOSAS;
VIII. RECIBIR EDUCACION PRIMARIA;
IX. RECIBIR TRES ALIMENTACIONES AL DIA;
X. RECIBIR VISITAS DE FAMILIARES, DEFENSORES Y AMIGOS;
XI. MANTENERSE COMUNICADOS CON SUS FAMILIARES Y AMIGOS;
XII. SOLICITAR AUDIENCIAS Y ORIENTACIONES DEL EQUIPO PROFESIONAL DEL CENTRO;
XIII. SER CLASIFICADOS DE ACUERDO A LOS ESTUDIOS TECNICOS DE PERSONALIDAD;

ARTÍCULO 126.- ADEMAS DE LAS QUE DERIVAN DE ESTE REGLAMENTO, SON OBLIGACIONES DE LOS INTERNOS:

I.- PERMANECER EN EL ESTABLECIMIENTO A DISPOSICION DE LA AUTORIDAD QUE HAYA ORDENADO SU RECLUSION O PARA CUMPLIR LA CONDENA QUE SE LES IMPONGA HASTA EL MOMENTO EN QUE MEREZCAN SER LIBERADOS;

II.- ACATAR LAS NORMAS ESTABLECIDAS POR ESTE REGLAMENTO Y LAS INDICACIONES EXPRESADAS EN LOS MANUALES E INSTRUCTIVOS QUE ATIENDAN A LO DISPUESTO EN EL;

III.- OBSERVAR BUENA CONDUCTA EN EL CENTRO;

IV.- GUARDAR UNA ACTITUD DE RESPETO Y CONSIDERACIÓN PARA CON LAS AUTORIDADES, LOS MIEMBROS DEL PERSONAL DEL CENTRO, SUS COMPAÑEROS Y SUS VISITANTES;

V.- PRESERVAR LA HIGIENE PERSONAL Y DE SU MEDIO AMBIENTE;

VI.- RECIBIR VISITA FAMILIAR E INTIMAS EN LAS AREAS DESTINADAS PARA ESTOS PROPOSITOS;

VII.- PRESENTARSE OPORTUNAMENTE EN LOS PASES DE LISTA;

VIII.- OBSERVAR LOS HORARIOS DE CALENDARIZACION DE ACTIVIDADES DEL CENTRO QUE LE CORRESPONDAN;

IX.- PERMITIR DE MANERA ORDENADA LAS REQUISAS Y CATEOS; Y,

X.- ACATAR Y CUMPLIR LAS CORRECCIONES DISCIPLINARIAS QUE SE LES IMPONGAN EN RESPETO DE LO ESTABLECIDO EN ESTE REGLAMENTO.

SECCION SEGUNDA.
DE LAS REGLAS DISCIPLINARIAS.

ARTICULO 129.- CUANDO, POR RAZONES DE SEGURIDAD, SE TENGA QUE REVISAR A LOS INTERNOS, ELLO DEBERA HACERSE EN FORMA RESPETUOSA. LA REVISION DE PARTES INTIMAS SERA HECHA POR PERSONAL DEL SERVICIO MEDICO.

ARTICULO 130.- LA CLASIFICACION EN EL INTERIOR DE LOS CENTROS DEBERA SER CUIDADOSA. POR NINGUN MOTIVO SE CAMBIARA DE ESTANCIA A UN INTERNO SIN LA PREVIA RECLASIFICACION DEL CONSEJO TECNICO INTERDISCIPLINARIO DEL CENTRO, SALVO EN AQUELLOS CASOS EN QUE SE REQUIERA UNA RESPUESTA INMEDIATA POR MOTIVOS DE SEGURIDAD. EN ESTOS CASOS EL DIRECTOR DETERMINARA EL CAMBIO DE SECCIÓN O ÁREA.

ARTICULO 131.- EN LOS CENTROS DE READAPTACION SOCIAL SE PROCURARÁ QUE EXISTAN INSTALACIONES DE MAXIMA SEGURIDAD PARA INTERNOS QUE REQUIERAN TRATAMIENTOS ESPECIALES. EN ELLOS SE UBICARÁN A INTERNOS DE ALTA PELIGROSIDAD QUE PUEDAN ALTERAR O DESESTABILIZAR LA SEGURIDAD DEL CENTRO O QUE REPRESENTEN PELIGRO PARA LOS DEMAS INTERNOS.

ARTICULO 138.- EN EL CENTRO HABRA UNA TIENDA PARA QUE LOS INTERNOS PUEDAN ADQUIRIR ALIMENTOS, REFRESCOS EN BOLSA, JABONES Y

ARTICULOS DE HIGIENE Y LIMPIEZA, DENTRO DE LOS HORARIOS ESTABLECIDOS.

ARTICULO 139.- EN EL CASO DE QUE LOS INTERNOS REQUIERAN DE PRENDAS DE VESTIR Y OBJETOS DE USO PERSONAL PARA SU HIGIENE, ESPARCIMIENTO O PARA LA ATENCION DE SU SALUD, Y ESTOS SEAN PROPORCIONADOS DEL EXTERIOR, DEBERAN SER ENTREGADOS EN LA ADUANA DE OBJETOS, EN DONDE SE EXPEDIRÁ EL RECIBO CORRESPONDIENTE POR EL PERSONAL DE TRABAJO SOCIAL, QUIEN LO CANALIZARAN A SU DESTINATARIO, PREVIA REVISION DEL CUERPO DE SEGURIDAD Y AUTORIZACION DEL SUBDIRECTOR TECNICO DEL CENTRO.

ARTÍCULO 144.- SON INFRACCIONES DE LOS INTERNOS:

I.- MUY GRAVES:

J.- POSEER, FABRICAR O TRAFICAR CON ARMAS O CUALQUIER OBJETO PROHIBIDO QUE PONGA EN PELIGRO LA SEGURIDAD DEL ESTABLECIMIENTO O DE LAS PERSONAS; Y,

II.- GRAVES:

C.- INSTIGAR A ALGUN O ALGUNOS RECLUSOS A ORGANIZAR MOTINES O DESORDEN COLECTIVO, SIN CONSEGUIR SER SECUNDADOS POR ESTOS;

E.- ORGANIZAR O PARTICIPAR EN JUEGOS DE SUERTE O AZAR Y CRUZAR APUESTAS CUANDO, POR MOTIVOS DE SEGURIDAD, NO FUEREN PERMITIDOS EN EL ESTABLECIMIENTO;

J.- PONER EN PELIGRO SU PROPIA SEGURIDAD O LA DE SUS COMPAÑEROS O DEL CENTRO O DESOBEDECER LAS DISPOSICIONES SOBRE SEGURIDAD;

L.- INCURRIR EN ACTOS O CONDUCTAS CONTRARIAS A LA MORAL O A LAS BUENAS COSTUMBRES.

III.- LEVES:

B.- PERJUDICAR A OTROS HACIENDO USO ABUSIVO DE OBJETOS NO PROHIBIDOS EN EL INTERIOR;

ARTÍCULO 146.- LAS CORRECCIONES DISCIPLINARIAS SE IMPONDRAN A LOS INTERNOS SEGÚN LA GRAVEDAD DE LA FALTA Y EN ATENCIÓN A LAS PARTICULARIDADES DEL CASO, Y PODRAN CONSISTIR EN LO SIGUIENTE:

I.- AMONESTACION EN PRIVADO;

II.- AMONESTACIÓN EN PÚBLICO;

III.- PRIVACION TEMPORAL DE ACTIVIDADES DE ENTRETENIMIENTO;

IV.- SUSPENSION TOTAL O PARCIAL DE ESTIMULOS POR TIEMPO DETERMINADO;

V.- CAMBIO DE SECCION;

VI.- SUSPENSION HASTA POR QUINCE DIAS DE VISITA FAMILIAR O INTIMA;

VII.- CAMBIO A LA SECCIÓN DE MÁXIMA SEGURIDAD; O,

VIII.- TRASLADO A OTRO CENTRO DE READAPTACION SOCIAL DENTRO DEL ESTADO O FUERA DEL MISMO, DE ACUERDO A LOS CONVENIOS ESTABLECIDOS CON LA SECRETARIA DE GOBERNACION Y ENTIDADES FEDERATIVAS DE LA REPUBLICA.

CREDITO DE LAS IMÁGENES

Imagen 1. 3 PUNTOS. Dirección en internet: http://politica.elpais.com/politica/2014/03/29/actualidad/1396110792_7137_23.html

Imagen 2. 5 PUNTOS. Dirección en internet: http://www.taringa.net/posts/imagenes/19171761/MEGA-POST-15-tatuajes-usados-en-la-carcel-y-su-significado.html

Imagen 3. TELARAÑA. Dirección en internet: http://josue-karina-doris.blogspot.mx/

Imagen 4. CUCHILLO. Dirección en internet: http://tatuajestattoo.com/tatuaje/1596

Imagen 5. CRUZ EN EL PECHO. Dirección en internet: http://tatuajes.zonster.com/tatuajes-especiales-de-cruces-cien-imagenes

Imagen 6. LÁGRIMA. Dirección en internet: http://videisimo.net/lista-paginada/cultura/15-tatuajes-carcel-sus-significados-no-me-imaginaba-7

Imagen 7. LÁGRIMA (2). Dirección en internet: http://www.studio56tattoo.com/?cat=9

Imagen 8. CARTAS Y JUEGOS DE AZAR. Dirección en internet: http://salondetatuajes.com/tatuajes-de-cartas-de-poker-para-dejar-sin-aliento

Imagen 9. CARTAS Y JUEGOS DE AZAR (2). Dirección en internet: http://buscatutattoo.blogspot.mx/2013_03_07_archive.html

Imagen 10. LA MUERTE Y LOS DEMONIOS. Dirección en internet: http://www.mistatuajes.com/tatuajes/5805-santa-muerte-y-buho.php

Imagen 11. LA VIRGEN DE GUADALUPE. Dirección en internet: http://www.fotolog.com/vikingotattoo/23343822/

Imagen 12. MOB. Dirección en internet: https://es.pinterest.com/pin/491947959272328568/

Imagen 13. 4:20. Dirección en internet: https://es.pinterest.com/jbeasley474/tattoos/

Imagen 14. LADA O AREA CODES. Dirección en internet: http://www.thedarktower.org/gallery/showphoto.php?photo=6790

Imagen 15. TRAMP STAMP. Dirección en internet: http://acidcow.com/girls/16650-whale-tail-100-pics.html

Imagen 16. A.C.A.B. Dirección en internet: http://darkartscolective.deviantart.com/art/A-C-A-B-209338478

Imagen 17. E.W.M.N. Dirección en internet: http://www.flabber.nl/linkdump/plaatjes/10-prisontattoos-en-hun-betekenis- 15918

Imagen 18. BROWN PRIDE. Dirección en internet: http://tatto.stylizr.com/mexican-pride-tattoos/

Imagen 19. MANDAS. Dirección en internet: http://www.tatuajes123.com/Rostro-de-Cristo-tatuado-en-su-brazo/433

Imagen 20. LAPIDAS. Dirección en internet: http://www.thetattoohut.com/brendapazms13/YnJlbmRhLXBheiltcy0xMw

Imagen 21. PORNOGRÁFICOS. Dirección en internet: https://es.pinterest.com/pin/454441418623024937/

Imagen 22. BARGER. Dirección en internet: https://es.pinterest.com/pin/313281717808423615/

Imagen 23. BARGER (2). Dirección en internet: http://www.keywordsuggestions.com/aGVsbHMgYW5nZWxzIDEllHRhd HRvbw/

Imagen 24. 1488, VIKINGOS, ESVÁSTICA Y RUNAS. Dirección en internet: http://whiteprisongangs.blogspot.mx/2009/07/saxon-knights.html

Imagen 25. 1488, VIKINGOS, ESVÁSTICA Y RUNAS (2). Dirección en internet: http://www.iumoral.com/forosocial/comic/comic.html

Imagen 26. PENI. Dirección en internet: http://whiteprisongangs.blogspot.mx/2009/05/public-enemy-number-1-peni.html

Imagen 27. C DE CRIPS. Dirección en internet: https://sites.google.com/site/barbershop3315/crimeinlosangeles

Imagen 28. C DE CRIPS (2). Dirección en internet: http://gangtattoos.tumblr.com/image/129952192253

Imagen 29. B DE BLOODS. Dirección en internet: http://wesharepics.info/imagebgkl-bloods-tattoos.asp

Imagen 30. B DE BLOODS (2). Dirección en internet: http://hdimagelib.com/crip+star+tattoo

Imagen 31. MS 13. Dirección en internet: https://es.pinterest.com/pin/486388828479585897/

Imagen 32. MS 13 (2). Dirección en internet: atuajestattoo.com/tatuaje/1596?t=200patolva

Imagen 33. CORONA DE 5 PICOS. Dirección en internet: http://fresh-tattoos.com/crown-tattoos/page/10

Imagen 34. CORONA DE 5 PICOS (2). Dirección en internet: http://www.gangster-tattoos.com/tatuajes-gangster/los-latin-king-y-sus- tatuajes-el-amor-de-rey-se-lleva-dibujado-en-la-piel-alkqn-5/

Imagen 35. N 14. Dirección en internet: http://bikersnetwork.blogspot.com/2010/04/mexicanhispanic-gang-tattoos.html

Imagen 36. N 14 (2). Dirección en internet: http://bikersnetwork.blogspot.com/2010/04/mexicanhispanic-gang-tattoos.html

Imagen 37. N 14 (3). Dirección en internet: http://bikersnetwork.blogspot.com/2010/04/mexicanhispanic-gang-tattoos.html

Imagen 38. MM. Dirección en internet: http://bikersnetwork.blogspot.com/2010/04/mexicanhispanic-gang-tattoos.html

Imagen 39. MM (2). Dirección en internet: http://bikersnetwork.blogspot.com/2010/04/mexicanhispanic-gang-tattoos.html

Imagen 40. MM (3). Dirección en internet: http://bikersnetwork.blogspot.com/2010/04/mexicanhispanic-gang-tattoos.html

Imagen 41. SUR 13. Dirección en internet: http://www.tattooscreens.com/sureno-gang-beautiful-back-tattoos-men/

Imagen 42. SUR 13 (2). Dirección en internet: http://www.vice.com/es_mx/print/hecho-en-mexico-pero-llegado-de-eu-los- ex-pandilleros-pochos-de-los-call-centers-en-mexico

Imagen 43. NF. Dirección en internet: http://cryptocomb.org/2011%20tattoo%20handbook%20for%20police.pdf

Imagen 44. DELINCUENTES CONTRA EL PATRIMONIO. Dirección en internet: http://www.like-a.ru/?p=8424

Imagen 45. DELINCUENTES CONTRA EL PATRIMONIO (2). Dirección en internet: http://www.nakolochka.in/2012/11/blog-post_1936.html

Imagen 46. DELINCUENTES CONTRA EL PATRIMONIO (3). Dirección en internet: http://www.focusfeatures.com/article/when_the_ink_dries_tattoos_in_the_russian_mafia?film=eastern_promises

Imagen 47. IRREVERENCIAS. Dirección en internet: http://www.vice.com/es_mx/read/russian-criminal-tattoo-fuel-damon-murray-interview-876

Imagen 48. IRREVERENCIAS (2). Dirección en internet: http://www.gangster-tattoos.com/mafia-rusa/tatuajes-politicos-de-la-mafia-rusa-lenin-y-stalin/

Imagen 49. DELATORES O INFORMANTES. Dirección en internet: http://delaymag.com/el-tatuaje-en-el-mundo-criminal-ruso/

Imagen 50. FALSIFICADORES DE BILLETES Y DEUDORES. Dirección en internet: http://www.vice.com/es_mx/read/russian-criminal-tattoo-fueldamonmurray-interview-876

Imagen 51. FALSIFICADORES DE BILLETES Y DEUDORES (2). Dirección en internet: http://www.taringa.net/post/imagenes/16057647/Significado-delosTatuajes-de-la-mafia-rusa.html

Imagen 52. DELINCUENTES SEXUALES Y DESVIADOS. Dirección en internet: https://es.pinterest.com/pin/540502392760556005/

Imagen 53. DELINCUENTES SEXUALES Y DESVIADOS (2). Dirección en internet: http://www.vice.com/es_mx/read/russian-criminal-tattoo-fuel-damon-murray-interview-876

Imagen 54. NUMERO DE CONDENAS. Dirección en internet: http://delaymag.com/el-tatuaje-en-el-mundo-criminal-ruso/

Imagen 55. NUMERO DE CONDENAS (2). Dirección en internet: http://www.imagenesdetatuajesde.com/imagenes-de-tatuajes-de-la-mafia-rusa/

Imagen 56. NUMERO DE CONDENAS (3). Dirección en internet: http://delaymag.com/el-tatuaje-en-el-mundo-criminal-ruso/

Imagen 57. NUMERO DE CONDENAS, recuperada de: http://tatocriminal.blogspot.mx/

Imagen 58. DELINCUENTES DE ALTO RANGO DENTRO DE LA PIRÁMIDE CRIMINAL. Dirección en internet: http://www.taringa.net/post/imagenes/16057647/Significado-de-los-Tatuajes-de-la-mafia-rusa.html

Imagen 59. DELINCUENTES DE ALTO RANGO DENTRO DE LA PIRÁMIDE CRIMINAL (2). Dirección en internet: http://www.taringa.net/post/imagenes/16057647/Significado-de-los-Tatuajes-de-la-mafia-rusa.html

Imagen 60. DELINCUENTES DE ALTO RANGO DENTRO DE LA PIRÁMIDE CRIMINAL (3). Dirección en internet: http://www.vice.com/es_mx/read/russian-criminal-tattoo-fuel-damon-murray-interview-876

Imagen 61. DELINCUENTES DE ALTO RANGO DENTRO DE LA PIRÁMIDE CRIMINAL (4). Dirección en internet: http://www.taringa.net/post/imagenes/16057647/Significado-de-los-Tatuajes-de-la-mafia-rusa.html

Imagen 62. DROGODEPENDIENTES O DELINCUENTES CONTRA LA SALUD. Dirección en internet: http://www.like-a.ru/?p=8424

Imagen 63. DROGODEPENDIENTES O DELINCUENTES CONTRA LA SALUD (2). Dirección en internet: http://www.taringa.net/post/imagenes/16057647/Significado-de-los-Tatuajes-de-la-mafia-rusa.html

Imagen 64. DROGODEPENDIENTES O DELINCUENTES CONTRA LA SALUD (3). Dirección en internet: http://www.vice.com/es_mx/read/russian-criminal-tattoo-fuel-damon-murray-interview-876

Imagen 65. VIOLENTOS Y MUY PELIGROSOS. Dirección en internet: http://www.vice.com/es_mx/read/russian-criminal-tattoo-fuel-damon-murray-interview-876

Imagen 66. VIOLENTOS Y MUY PELIGROSOS (2). Dirección en internet: http://www.taringa.net/post/imagenes/16057647/Significado-de-los-Tatuajes-de-la-mafia-rusa.html

Imagen 67. VIOLENTOS Y MUY PELIGROSOS (3). Dirección en internet: http://www.vice.com/es_mx/read/russian-criminal-tattoo-fuel-damon-murray-interview-876

Imagen 68. VIOLENTOS Y MUY PELIGROSOS (4). Dirección en internet: http://www.vice.com/es_mx/read/russian-criminal-tattoo-fuel-damon-murray-interview-876

Imagen 69. LA SUBCULTURA DEL TATUAJE JAPONÉS. Dirección en internet: http://www.atatuagem.com/as-tatuagens-e-a-yakuza/bela-tatto-yakuza/

Imagen 70. PASO 1. Dirección en internet: http://maquinatatoo.blogspot.mx/2007/09/maquina-de-tatuar-casera-yo-hice-el.html

Imagen 71. PASO 2. Dirección en internet: http://maquinatatoo.blogspot.mx/2007/09/maquina-de-tatuar-casera-yo-hice-el.html

Imagen 72. PASO 3. Dirección en internet: http://es.wikihow.com/hacer-una-m%C3%A1quina-para-tatuajes

Imagen 73. PASO 4. Dirección en internet: http://www.taringa.net/post/hazlo-tu-mismo/12381619/Como-Crear-Tu-Maquina-De-Tatuajes-Casera.html

Imagen 74. PASO 5. Dirección en internet: http://dshadowstattoo.blogspot.mx/2013/08/maquina-de-tatuar-casera.html

Imagen 75. PASO 6. Dirección en internet: http://es.wikihow.com/hacer-una-m%C3%A1quina-para-tatuajes

Imagen 76. PASO 7. Dirección en internet: http://es.wikihow.com/hacer-una-m%C3%A1quina-para-tatuajes

Imagen 77. PASO 8. Dirección en internet: http://es.wikihow.com/hacer-una-m%C3%A1quina-para-tatuajes

Imagen 78. PASO 9. Dirección en internet: http://www.fotolog.com/lomascrudo/70009010/

Imagen 79. LA SOLUCIÓN. Dirección en internet: http://www.almalasersmedica.es/

Imagen 80. EL LÁSER. Dirección en internet: http://www.infobae.com/2012/01/18/1042282-un-tratamiento-laser-permite- borrar-tatuajes-en-unas-pocas-sesiones/

Imagen 81. EL LÁSER (2). Dirección en internet: http://www.prensalibre.com/internacional/borrar-tatuajes-una-cura-a-las- heridas-de-marginacion-de-los-salvadoreos

Imagen 82. EXAMEN DE CASOS PRACTICOS. Dirección en internet: https://uk.pinterest.com/pin/199988039676702509/

Imagen 83. EXAMEN DE CASOS PRACTICOS (2). Dirección en internet: http://www.kevinmuldoon.com/bad-tattoos/

Imagen 84. EXAMEN DE CASOS PRACTICOS (3). Dirección en internet: http://www.immagilandia.org/2010/10/10-tatuaggi-strani-dalle-foto.html

BIBLIOGRAFIA

A. Portuondo, Juan. *La Figura Humana: Test Proyectivo de Personalidad de Karen Machover* (Madrid, España: Biblioteca Nueva. 2007).

Bruccet Anaya, Luis Alonso. *El crimen organizado*. México: Porrúa. 2001).

Cámara de Diputados del H. Congreso de la Unión. *LEY GENERAL DE SALUD*. CDMX. México: Diario Oficial de la Federacion (DOF) 2018. (Fragmento). Edición en PDF.

Cardasis William, Huth-Bocks, Alissa, Silk, R. Kenneth. "Tattoos And Antisocial Personality Disorder". *Personality and Mental Health. Volume 2. July*, (2008). Edición en PDF.

Congreso del Estado. *CODIGO PENAL PARA EL ESTADO DE GUANAJUATO. TÍTULO PRIMERO DE LOS DELITOS CONTRA LA SEGURIDAD PÚBLICA. CAPÍTULO I. PANDILLERISMO Y ASOCIACIÓN DELICTUOSA*. Guanajuato México: POGEG, 24 de septiembre de 2018.

Da Silva, Alden, Jose Lazaro. *Cartilha de orientação policial tatuagens: Desvendando segredos*. Bahía, Brasil: Secretaria Da Seguranca Pública Do Estado Da Hahia. 2012. Edición en PDF.

D´ambrosio Antonio, Casillo, Nicoletta, Martini, Valentina. "Piercings and
Tattoos: psychopathological aspects". Nápoles, Italia: *Activitas Nervosa Superior Rediviva, Volume 55, No. 4* (2013). Edición en PDF.

García Ramírez, Sergio. *Manual de prisiones*. México: Porrúa. 2004.

Hikal Wael. *Criminología Psicológica*. México: Porrúa. 2013.
_____. *Introducción al estudio de la criminología*. México: Porrúa. 2013.

Kirby William, Desai Alpesh, Desai Tejas, Kartono Francisca, Geeta,Patel. "La escala de Kirby-Desai: Una escala propuesta para evaluar los tratamientos de eliminación de tatuajes". *J Clin Aesthet Dermatol. Mar; 2 (3)* (2009). Edición en PDF.

Lacassagne Alexandre. *Les Tatouages, Étude Anthropologique et Médico-légale.* Paris. Francia: Libreía JB Baillépe y Son. 1881. Edición en PDF.
Lombroso Cesare. The Savage: Origin of Tattoing. LM Publishers. *S.L.* 2016. Edición para dispositivos electrónicos

Marchiori, Hilda. *Psicología criminal.* México: Porrúa. 2014.
Martínez Baca Francisco. *Los tatuages: estudio psicológico y médico-legal en delincuencia y militares.* México: Tipografia de la Oficina Impresora del Timbre. Palacio Nacional.1899. Edición en PDF.
Mendoza Rojas, Noehemi Orinthya. "El cuerpo del sujeto en reclusión penitenciaria: un espacio discursivo y de configuración de pensamiento social". Querétaro, México: Tesis de Maestría. Universidad Autónoma De Querétaro, Facultad de Psicología, Maestría en Psicología Social. 2013.
Mora Saúl. Tatuaje Criminal: *Apreciación Criminológica de la Simbología en el Tatuaje. s.l., s. E., s.f.*

National Gang Intelligence Center (NGIC). *2015 National Gang Report* (NGR). EE. UU: US Department of Justice UU. 2016. Edición en PDF.

Orellana Wiarco, Octavio A. *Manual de criminología.* México: Porrúa. 2012.

Páez, Francisco. Robles, Rebeca. Tejero, Josue. Vargas, Juan. Morales, Patricia. Castillo, Gustavo. Medina Mora Ma. Elena. Sánchez de Carmona, "Conducta criminal de alta peligrosidad: personalidad y tatuajes". D.F., México: *Anales, Instituto Mexicano de Psiquiatría. Núm.* 6 (1995). Edición en PDF.

Palacios Pamanes, Gerardo Saúl. "La Caída del Sistema: Crisis de gobernabilidad en las cárceles de México". *Criminología y Sociedad.* (2009).

Payá Porres, Víctor Alejandro (coord.). *Mujeres en Prisión: Un estudio socioantropologico de historias de vida y de tatuaje.* México: Juan Pablos Editor. 2013.

Piña Mendoza, Cupatitzio. "El cuerpo un campo de batalla. Tecnologías de sometimiento y resistencia en el cuerpo modificado". México: *El Cotidiano, vol. 20, núm. 126.* D. F., (2004).

Poder Ejecutivo. *DECRETO GUBERNATIVO NUMERO 8, MEDIANTE EL CUAL, SE EXPIDE EL REGLAMENTO INTERIOR PARA LOS CENTROS DE READAPTACION SOCIAL DEL ESTADO DE GUANAJUATO. Guanajuato,* México: Periódico Oficial del Gobierno del Estado de Guanajuato. 1992. (Fragmento) Edición en PDF.

Ribero Toral Raquel, Mendoza Rojas Noehemi Orinthya. "El cuerpo preso tatuado: un espacio discursivo". México: *Andamios VOL.10 No.23* (2013).

Richard S. Post. "Relationship of tattoos to personality disorders". Northwestern. EE. UU: *Journal of Criminal Law and Criminology.* Volume 59, Issue 4, Article 5 (1969). Edición en PDF.

Rodríguez, Manzanera, Luis. *Criminología.* México: Porrúa. 1986.

Sánchez Galindo, Antonio. *Antología de derecho penitenciario y ejecución penal.* México: INACIPE. 2014.

Sánchez Alcalde, Ignacio. "Etnografía de la piel: Los tatuajes en los centros de internamiento. Un estudio antropológico de las marcas en los menores infractores". *Revista de Antropología Experimental nº 16,* (2016). Edición en PDF.

S.a. El Diagnóstico Nacional de Supervisión Penitenciaria (DNSP) 2015: CERESOS, CEFERESOS y Prisiones Militares. Ciudad de México. México: Marzo Comisión Nacional de los Derechos Humanos (CNDH) (2016). Edición en PDF.

———. "El lenguaje de los presos en la piel. Mi tatuaje me condena". *Revista Digital de Divulgación Sobre*

Criminalística y Ciencias Forenses. Segunda época. Año 3. Número 22. (2015).

_____. Unidad No 5: El Interaccionismo Simbólico. México: Universidad América Latina. 2009. Edición en PDF.

Walmsley Roy. *World Prison Population List* (tenth edition) (Essex, UK.: Intertional Center For Prision Studies (ICPS). 2013). Edición en PDF.

WEBGRAFIA

B. F. Arias, Sonia. "El tatuaje y tu personalidad: El tatuaje desde un punto de vista psicológico". *Psicológicamente Hablando* (blog). Dirección en internet: http://www.psicologicamentehablando.com/el-tatuaje-y-tu-personalidad/ (Consultado, 23/01/2019).

Campuzano, Ingrid. Tercero, Marco. Cabañas, Jokabeth. Espiricueta, Josué. "Entrevista con el D.R Víctor Alejandro Payá Porres: Tatuaje el Estigma que Marca el Alma". *Investigaciontatuajes.wordpress.com* (Blog). Dirección en internet: https: https://investigaciontatuajes.wordpress.com/2011/06/05/ent revista-con-el-d-r-victor-alejandro-paya-porres/ .Consultado, 23/01/2019).

Cubillas Fontana Iván, "Interaccionismo simbólico". Crimipedia (blog). Dirección en internet: http://crimina.es/crimipedia/topics/interaccionismo-simbolico/ (Consultado, 23/01/2019).

Cruz, Antonio. "Mujeres tatuadas para frenar el caos". México: *Revista EMEEQUIS* (2014). Dirección en internet: http://www.m-x.com.mx/2014-05-04/mujeres-tatuadas-para-frenar-el-caos/ (Consultado, 23/01/2019).

De León Palomo, Omar Alejandro. "Los Precursores Más Representativos de la Criminología de México". Reynosa, Tamaulipas, México: *Criminociencia* (Blog). Dirección en internet: http://criminociencia.com/los-precursores-mas-representativos-de-la-criminologia-de-mexico/ (Consultado, 23/01/2019).

Gabinete de Comunicación y Estrategia (GCE). Discriminación por tatuajes 2016 (Encuesta en PDF). Dirección en internet: http://www.gabinete.mx/index.php/component/k2/item/56 9-discriminacion-por-tatuajes-2016 (Consultado, 23/01/2019).

Gobierno de El Salvador. "Instituto de la juventud relanza clínica de remoción de tatuajes". www.presidencia.gob.sv. Dirección en internet: http://www.presidencia.gob.sv/instituto-de-la-juventud-relanza-clinica-de-remocion-de-tatuajes/ (Consultado, 23/01/2019).

Kusters Anton. "Odo Yakuza Tokyo". *antonkusters.com* (Blog). Dirección en internet: https://antonkusters.com/yakuza/ (Consultado, 23/01/2019).

Mączewski, Paweł. "El lenguaje secreto de los tatuajes en las prisiones rusas". *Vice* (Blog) 16 Octubre (2016). Dirección en internet: http://www.vice.com/es_mx/read/russian-criminal-tattoo-fuel-damon-murray-interview-876 (Consultado, 23/01/2019).

National Alliance of Gang Investigators Associations (NAGIA). "ABOUT NAGIA". www.nagia.org .Dirección en internet: http://www.nagia.org/ (Consultado, 23/01/2019).

National Gang Intelligence Center (NGIC). *2011 National Gang Threat Assessment* (NGTA). *FBI; Reports And Publications* (Blog). Dirección en internet: https://www.fbi.gov/stats-services/publications/2011-national-gang-threat-assessment (Consultado, 23/01/2019).

N/a., Alonzo. "Las barras bravas brasileñas y sus tatuajes". *Pousta* (Blog) (2015). Dirección en internet: https://pousta.com/barras-bravas-brazilenas/ (Consultado, 23/01/2019).

Parametria. Tatuarse sin permiso: un delito (Encuesta en PDF). Dirección en internet: http://www.parametria.com.mx/carta_parametrica.php?cp=4437 (Consultado, 23/01/2019).

Payá, Víctor A. "Reflexiones Etnográficas en Torno al Tatuaje en Prisión". México: *Revista Electrónica, Ide@s. CONCYTEG. Núm. 45. Año 4.* (2009). Dirección en internet:

https://studylib.es/doc/7685806/reflexiones-etnogr%C3%A1ficas-en-torno-al-tatuaje-en-prisi%C3%B3n1 (Consultado, 23/01/2019).

Queznel Rodríguez, Octavio. "Parte de la identidad son los tatuajes". Puebla, México: *Perspectiva criminológica* (Blog). Dirección en internet: http://desdepuebla.com/parte-de-la-identidad-son-los-tatuajes/55139/ (Consultado, 23/01/2019).

Rodríguez, Margarita. "Cerca de 95% de los homicidas en todo el mundo son hombres... ¿Por qué las mujeres matan menos?". BBC. 20 de octubre (2016). Dirección en internet: http://www.bbc.com/mundo/noticias-37433790 (Consultado, 23/01/2019).

Statistics Brain Research Institute. "Gang Member Statistics". statisticbrain.com. Dirección en internet: http://www.statisticbrain.com/gang-statistics/ (Consultado, 23/01/2019).

S.a. "Arkady Bronnikov: Russian Criminal Tattoo Archive". *Fuel* (Blog). Dirección en internet: http://fuel-design.com/russian-criminal-tattoo-archive/biographies/arkady-bronnikov/ (Consultado, 23/01/2019).

_____."Tatuaje sitúa al Dr. Rafael Salillas entre los antropólogos criminalistas pioneros de esta ciencia en España". *Antropología UNED* (Blog). Dirección en internet: http://antropologiauned.foroactivo.com/t385-criminologia-criminalistica-antropologia (Consultado, 23/01/2019).

_____. "En un video, se ve cómo el niño llora desesperadamente mientras sus padres lo someten". Merida, Yucatán, Mexico: SIPSE.com. (2013). Dirección en internet: https://sipse.com/mundo/tatuan-a-su-hjo-de-tres-anos-12786.html (Consultado, 23/01/2019).

_____. Wotanismo. *Wikipedia; La enciclopedia libre.* (Blog). Dirección en internet:

https://es.wikipedia.org/wiki/Wotanismoapud (Consultado, 23/01/2019).

_____."Yakuza: un fotógrafo belga desmiente estereotipos sobre la mafia japonesa". *Actualidad RT* (Blog). Dirección en internet: https://actualidad.rt.com/sociedad/184920-fotos-yakuza-desmiente (Consultado, 23/01/2019).

_____."Cómo hacer una máquina para tatuajes". *wikiHow* (Blog). Dirección en internet: https://es.wikihow.com/hacer-una-m%C3%A1quina-para-tatuajes (Consultado, 23/01/2019).

_____."Yori Moriarty", Satori. Dirección en internet: http://satoriediciones.com/escritor/yori-moriarty/ (Consultado, 23/01/2019).

_____."Las tintas para tatuajes representan un peligro para la salud". www.fda.gov. Dirección en internet: https://www.fda.gov/Cosmetics/ComplianceEnforcement/AdverseEventReporting/ucm531634.htm

_____. Piensa antes de tinta: ¿Son seguros los tatuajes?". www.fda.gov. Dirección en internet: https://www.fda.gov/ForConsumers/ConsumerUpdates/ucm048919.htm (Consultado, 23/01/2019).

_____."Un tatuaje para ti? Siete preguntas clave a considerar". www.fda.gov. Dirección en internet: https://www.fda.gov/ForConsumers/ConsumerUpdates/ucm316357.htm (Consultado, 23/01/2019).

_____."Si el tatuaje es? problema, el IMSS lo borra". *www.dossierpolitico.com* (Blog). Dirección en internet: http://www.dossierpolitico.com/vernoticiasanteriores.php?artid=48179&relacion=dossierpolitico (Consultado, 23/01/2019).

_____."Eliminación de tatuajes: opciones y resultados". www.fda.gov. Dirección en internet: https://www.fda.gov/ForConsumers/ConsumerUpdates/ucm336842.htm (Consultado, 23/01/2019).

_____. "Pueden tatuajes causar hepatitis B, tuberculosis, insuficiencia renal y VIH Sida". *Organización Editorial Mexicana* (Blog). Dirección en internet:

http://www.oem.com.mx/esto/notas/n1016920.htm (Consultado, 23/01/2019).

_____."Los presos de las cárceles se tatúan en condiciones higiénicas lamentables". *Soy Chile* (Blog). Dirección en internet: https://www.soychile.cl/Santiago/Sociedad/2012/12/10/1403 39/Los-presos-de-las-carceles-se-tatuan-en-condiciones-higienicas-lamentables.aspx (Consultado, 23/01/2019).

Uaceb. "Niño de 3 años obligado a tatuarse". *YouTube* (Blog). Publicado el 29 ene. 2013 (Archivo de video). Dirección en internet del video: https://www.youtube.com/watch?v=IVur8DHjg9g (Consultado, 23/01/2019).

ÍNDICE

CAPITULO III
MEDIO IDENTIFICADOR

CAPITULO IV
LA MÁXIMA EXPRESIÓN DE LAS SUBCULTURAS
CRIMINALES TATUADAS

CAPITULO V
EL TATUADOR CRIMINAL

TERCERA PARTE
Una Nueva Manera de Llegar a la Verdad

CAPITULO VI
EL ETIQUETAMIENTO

Esta SEGUNDA EDICION (Titulada; Tatuaje y Criminales: Pandillas, Presos y Otros Antisociales) de la obra; Tatuaje Criminal: Apreciación Criminológica de la Simbología en el Tatuaje. Con número de registro ante el INDA: 03-2017-011110240300-01, se terminó de corregir, modificar y aumentar el día 25 de febrero del año 2019, en Celaya. Gto. México.

Las citas bibliografías se realizaron bajo los lineamientos de citación Chicago, en el sistema de notas al pie, que es aquel se recomienda para los escritos de difusión científica de la criminología de acuerdo a la Guía Para La Redacción De Tesis Y Otros Trabajos De Investigación Para Estudiantes De Criminología-Criminalística.[184]

---

[184]Hikal Wael. *Guía Para La Redacción De Tesis Y Otros Trabajos De Investigación Para Estudiantes De Criminología-Criminalística.* (México: Porrúa. 2016).

OTRAS PUBLICACIONES DEL AUTOR

"Criminología Geográfica. La vulnerabilidad del patrimonio en la ciudad de Celaya". *Archivos de Criminología, Seguridad Privada y Criminalística*, 39-44.

Disponible en: https://dialnet.unirioja.es/servlet/articulo?codigo=6028963

ESTUDIANTES Y
FORENSES

Made in the USA
Columbia, SC
08 December 2022

72280236R00120